이렇게
시작하라
아마존 FBA

이렇게 시작하라

강진구 지음

아마존 FBA

노트북 하나로 전 세계인을 고객으로 만드는 셀링 노하우

요즘은 스마트스토어로 사업에 뛰어드는 분들, 콘텐츠 크리에이터라는 새롭고도 유망한 직업이 생겨나는 등 직업군이 다양해졌습니다. 지금도 여전히 많은 사람들이 대학을 졸업하고, 취업하는 것으로 경제활동을 하고 생계유지를 합니다. 제가 그랬던 것처럼요.

하지만 저는 직장 생활을 하던 중 문득 능동적으로 경제활동을 하고 싶다는 생각이 들었습니다. 누군가의 지시만 평생 받으며 사는 것이 아닌, 내가 자발적으로 의사를 결정하고 이로 인해 경제 활동을 하고 싶다는 생각을요. '정말 나는 회사원이 아닌 나의 일을 하고 싶다.'라는 생각이 든 이후로는 무슨 일을 해야 할지 찾는 데 몰두하였던 기억이 납니다. 그런데 막상 사업을 해보자니 특별한 아이디어나 아이템이 있는 것도 아니었고, 사업이 잘 안된다면 재취업을 해야 하는 처지가 될 텐데 취업난이 심각한 상황에서 무작정 회사를 관둘 수는 없었습니다.

그러던 어느 날, 아마존 FBA라는 사업을 발견하게 되었습니다. 아마존에 일정의 수수료를 지불하는 대신에 창고 보관, 배송, 교환/환불, CS 등 시간과 공간이 필요한 노동을 위탁으로 처리해주는 온라인 셀링 사업이었습니다. 저와 같은 회사원에게는 정말 딱 들어맞는 사업 시스템이었습니다. 그 이후에는 퇴근 후 밤늦게까지 몇 시간씩 알아보고, 공부하며 보냈습니다. 불과 몇 년 전이지만 그때만 해도 지금처럼 많은 분들이 잘 알지 못하는 분야였고, 정보도 조금 부족했지만 그만큼 간절했던 것 같습니다.

시간이 흘러 2019년 10월쯤 첫 판매를 하였습니다. 첫 판매 5개월 차, 2020년 2월쯤부터 직장 월급 이상의 수익이 나기 시작하면서 퇴사하게 되었습니다.

Date	Shipped Product Sales
10/01/2019	$2,525.00
11/01/2019	$3,305.00
12/01/2019	$5,385.00
01/01/2020	$3,300.00
02/01/2020	$5,737.27
03/01/2020	$4,981.47
04/01/2020	$4,487.16
05/01/2020	$15,044.58

2020년 필자의 퇴사 시점 아마존 매출

첫 매출이 일어난 2019년 10월부터 퇴사를 한 2020년 5월까지의 아마존 FBA 사업의 매출입니다. 제가 퇴사를 한 5월에는 한화로 1,700만 원 정도의 매출이 발생했습니다. 능동적인 경제활동을 꿈꾸며 온라인 셀링을 시작한 지 얼마 안 된 시점이라 숫자로만 본다면 아주 행복한 일로 보일 수도 있습니다. 하지만 5월부터 매출이 급상승하면서 재고관리에 실패하고 이전과 같은 매출이 나오지 않을까 조마조마하며 걱정하던 때도 있었습니다.

아무리 좋은 아이템을 판매하더라도 재고가 다 빠져 며칠 혹은 몇 달을 판매하지 못한다면 정말 큰 손실입니다. 이 때문에 늘 아이템별 판매량과 제조공장의 제조 기간 등을 파악하는 등 이러한 실수를 최소화해야 합니다.

저는 이 책에서 저의 경험과 공부한 내용을 토대로 여러분들이 이러한 시행착오를 최소화하여 아마존 사업을 하실 수 있도록 집필하였습니다. 또한 아마존 셀러 가입부터 알리바바를 통해서 판매할 아이템을 찾고 첫 아이템을 판매해보기까지 제가 생각하는 가장 빠른 길로 독자 여러분을 안내해보려고 합니다.

우리나라 플랫폼이 아닌 아마존에서 창업을 처음 시도하는 분들에게는 어렵게 다가올 수 있겠지만 그렇게 어렵지만은 않습니다. 대부분의 인터페이스가 한국어를 지원하기도 하고, 한국인 아마존 직원분들의 도움을 받을 수도 있습니다. 이 책을 아마존 업무의 한 사이클로 보시고, 한 사이클만 완료하신다면 그다음부터는 일상 업무가 될 수 있도록 최대한 간결하게 설명할 것입니다.

월 2천만 원대 매출을 내고 있는 지금, 돈 걱정 1도 없이 살 수 있는 부자가 아니지만 많은 게 바뀌었습니다. 직장인일 때보다 많은 수익, 좀 더 여유로운 시간, 나를 위해 일한다는 보람 등이 예전과 다른 활력을 불어넣어 주는 것 같습니다. 어떤 일이든 단기간 쉽게 부자가 될 수 있는 일은 없습니다. 독자분들이 차근차근 스텝을 밟아 금방 저만큼, 저 이상 성장하여 같은 길을 걷는 온라인 셀러로 거듭나시길 기원합니다.

마지막으로 항상 저를 믿고 응원해주시는 아버지, 어머니, 누나 그리고 아내에게 고맙고 사랑한다는 말을 전합니다. 또한 좋은 기회를 주신 출판사 비제이퍼블릭에게도 감사의 마음을 전합니다.

아무쪼록 이 책이 능동적인 경제활동을 꿈꾸는 여러분들에게 꼭 도움이 되길 바랍니다.

저자 강진구

저자 소개

강진구

대학에서 경영학과를 졸업하고 스마트폰 내외장재를 제조하는 삼성전자 협력사에서 근무하였다. 입사 3년차, 익숙해진 회사 생활과 더불어 빠르게 흘러가는 시간을 보며 어릴 적부터 막연히 꿈꿔왔던 '내 사업하기'라는 꿈이 더 멀어지기 전에 도전하고 싶은 열망이 커져갔다. 직장을 다니며 시작해볼 수 있는 일이 무엇이 있을까 알아보던 중 발견한 것이 바로 아마존 FBA였다.

회사 업무와 병행해야 하는 상황에서도 아마존 Home & Kitchen 분야에서 창업한 지 두 달 만에 월 400만 원 정도의 매출을 낼 수 있었고, 6개월 후 월 1,700만 원 정도의 매출을 달성한 후 사업을 더 키우기 위해 과감히 퇴사를 선택하였다. 현재도 아마존 FBA를 메인으로 여러 온라인 사업에 도전하고 있다.

아마존으로 개인 수입을 늘려보고 싶다는 생각은 있었지만, 외국에 있는 플랫폼이라 상대적으로 진입하기 어렵다는 생각이 많이 들었습니다. 스마트스토어는 국내에 많은 데이터들과 자료들이 있지만 아마존은 막연한 느낌이 많이 들었고, CS나 물품 배송에 대한 어려움이 많다고 들었기 때문입니다.

이러한 상황 속에서 FBA는 가장 적절한 서비스이며, FBA를 시작할 때 이 책을 보면서 따라 한다면 시행착오를 많이 줄일 수 있을 거라고 생각됩니다. 아마존 FBA로 돈을 벌고 싶을 때 시작하기 좋은 도서! 입문자들에게는 처음부터 하나하나 따라 해볼 수 있는 매우 좋은 책이라고 생각합니다.

임재곤

저는 소규모로 인터넷 쇼핑몰을 운영했던 적이 있지만, 결국 그만두고 새로운 창업 아이템을 찾다가 아마존 FBA에 관심을 가지게 되었습니다. 아마존 FBA의 가장 큰 장점은 기존의 온라인 쇼핑몰을 운영하면서 경험하고 느꼈던 문제점인 재고 관리와 배송에 소요되는 시간과 공간의 절약이라고 생각합니다. 또한 아마존을 이용하는 전 세계 고객이 확보되어 있기 때문에 성공 가능성 또한 크다고 생각합니다.

이러한 생각을 가지고 아마존 FBA를 통한 사업을 생각하고 있다면 이 책을 추천하고 싶습니다. 아마존으로 사업을 하기 위해 필요한 계좌 개설과 같은 기초부터 상품 선정, 광고, 세금 문제에 관해서도 친절하게 알려주고 있기 때문에 아직 아무것도 모르시는 분들도 이 책 한 권이면 감을 잡는 데 충분하다고 생각합니다.

조영홍

누구나 손쉽게 따라 할 수 있는 매뉴얼 수준의 상세한 설명과 함께 필자의 아마존 셀러 활동 당시 겪었던 생생한 경험담을 통해 얼마나 수많은 고민과 시행착오가 있었는지 느낄 수 있었습니다. 책의 마지막 장을 덮으며 그동안 막연하게 느껴지던 아마존이 성큼 내 앞으로 다가왔음을 알 수 있었고, 어느새 아마존이란 정글에서 맹렬하게 질주하는 내 모습을 그려봅니다.

망설이는 당신, 막연한 두려움으로 움직이지 않는 당신, 지금 당장 이 책을 따라서 드넓은 미지의 아마존 시장에 같이 도전해보는 것은 어떨까요?

주영종

수많은 E-Commerce 중 아마존 FBA를 시작해야 하는 이유

이번 장에서는 많고 많은 온라인 시장 중에서 왜 아마존 FBA를 시작해야 하는지 살펴보도록 하겠다. 첫 번째로 제일 주목해야 할 점은 아마존의 고객 수이다. 아마존은 지속적으로 아마존을 이용해 쇼핑을 하는 활성화 고객만 3억 명 이상으로 추정하고 있다. 우리나라 인구수 5천만 명보다 6배가량 높고, 우리나라 인구 중 절반 정도가 온라인 쇼핑을 한다고 본다면 잠재 고객 수가 우리나라 대비 12배 이상인 것이다. 아무리 좋은 제품을 합리적인 가격으로 판매한다고 해도 고객이 없다면 판매를 할 수 없는 것처럼 잠재 고객이 많다는 것은 셀러의 성공 가능성이 높다는 의미이기도 하다.

아마존 FBA란? FBA는 Fulfillment By Amazon의 약자로 Fulfillment는 이행/수행이라는 뜻도 있지만 고객의 주문 처리라는 뜻 또한 의미하는 단어이다. 거기에 By Amazon(아마존에 의해서)이라는 말을 더하면 아마존에 의해 일처리가 수행되거나 아마존에 의해 고객의 주문을 처리한다는 뜻이 된다. 따라서 아마존 FBA는 아마존이 셀러를 대신하여 물품 보관 및 관리, 배송, 교환/환불, CS 등 모든 업무를 일정의 수수료를 대가로 대행해주는 서비스라고 이해하면 좋다.

또한 올해 유료 멤버십인 아마존 프라임 고객 수만 1억 5천만 명을 돌파했다는 발표를 한 바 있다. 충성 고객이 확보되어 있어 온라인 셀러에게 최고의 마켓 플레이스임을 입증해준다. 아마존 프라임 고객 수는 꾸준히 상승 중에 있다. 이는 고객의 만족도가 뛰어난 것임을 반증하고 지속적으로 회원 수가 증가할 것이라는 게 필자의 생각이다. 이 때문에 "이미 너무 많은 셀러들이 많은 제품을 판매하고 있는데 내가 뒤늦게 들어가 성공할 수 있을까?"라며 진입을 어려워하지 말기 바란다. 셀러가 늘어나는 만큼 고객 수도 늘어나고 있다.

아마존 프라임이란? 연 $119, 월 $12.99의 비용을 지불하고 아마존의 다양한 혜택을 누리는 아마존의 유료 회원 제도. 프라임의 혜택은 아마존 상품 무료 배송, 아마존 프라임 비디오, 아마존 프라임 뮤직, 사진을 무제한 저장할 수 있는 클라우드 드라이브를 이용 가능하고, 아마존의 전자책 킨들을 통해 매달 전자책 한 권을 무료로 받을 수 있는 등 다양한 서비스를 제공한다.

아마존 FBA를 시작해야 되는 두 번째 이유는 앞서 언급한 바 있는 시간과 공간의 제약에서 자유롭다는 점이다. 아마존 FBA는 셀러 월회비, 판매 수수료, FBA 수수료를 지불하는 대신에 창고 보관, 배송, 교환/환불, CS 등 시간과 공간이 필요한 노동을 대신 처리해준다. 혹자는 아마존 FBA는 수수료가 너무 비싸다라고들 한다. 그런데 FBA의 도움 없이 혼자 모두 해내려면 창고 임대료, 배송비, 인건비, 시간이 소요된다는 점 그리고 제품 포장, 이동에 필요한 육체적인 부분과 교환/환불 등 CS의 정신적인 부분까지 아마존이 처리해준다는 이점을 간과해서는 안 된다. 또한 우리의 목표는 잠재 고객 3억 명이 넘는 북미 시장을 겨냥하는 것이기 때문에 고객에게 빠른 배송을 위해 아마존 FBA창고에서 나의 물건이 배송되는 것이 적합하다.

아마존 FBA라는 시스템을 통해 우리는 공간적 제약이 사라졌기 때문에 어디서든 업무를 볼 수 있다. 카페가 될 수도, 집이 될 수도, 직장인이라면 점심시간 회사 사무실에서도 짬짬이 업무를 볼 수 있다.

주문 제품이 무엇인지, 고객의 주소는 어디인지, 수량은 얼마인지 직접 확인할 필요도 없으니 시간적 제약 또한 없다. 이때 우리는 기존 상품의 일평균 판매량을 체크하고, 재입고 계획을 수립하고 제일 중요한 신규 제품 찾기에 몰두해야 한다.

독자 중 직장인이 있다면 시간이 부족하고 퇴근 후 녹초가 된 몸을 이끌고 온라인 셀러를 시작하기가 쉽지 않을 수 있다. 하지만 필자처럼 능동적인 경제활동을 하고 싶고, 내가 아무리 열심히 일해도 아무도 알아주지 않고 돌아오는 결과가 만족스럽지 않다면 도전해보길 바란다. 수익이 회사를 관둘 정도로 충분하지 못한다 해도 괜찮다. 필자는 수익이 회사를 관둘 정도로 충분하지 않아서 퇴사를 결심하기 이전에도 이미 성취감 비슷한 기분을 느꼈다. 크진 않지만 무언가 이루어나가고 있다는 생각과, 이후 매출이 늘었을 땐 회사 막내 격인 내가 월급과 아마존 정산금을 더하니 부장 월급 정도의 월수입을 얻었다는 짜릿함을 느꼈다. 회사의 안정적인 월급을 포기하기 불안하다면 직장과 아마존 사업을 병행해보길 바란다. 시간이 지나 아마존 사업이 익숙해지면 성장은 더딜지언정 회사 업무, 퇴근 후 자유로운 삶과의 병행이 가능하다는 것이 필자의 생각이다. 평범한 직장 생활을 하던 필자가 현재는 아마존으로만 경제 활동을 하고 있음을 지금까지 이야기했으니 직장인이라 시간이 없다는 말은 넣어두고 이제 진짜 실천해보도록 하자.

|02|

해외 가상 계좌
개설하기

제일 먼저 셀러에게 가장 중요한 정산을 받을 수 있는 해외 가상 계좌가 필요하다. 아마존은 정산을 달러로 해주기 때문에 국내 계좌가 아닌 달러를 수취할 계좌가 필요하다. 글로벌 셀러들이 가장 많이 사용하기도 하고 필자도 현재 사용하고 있는 페이오니아(Payoneer) 가입에 대해 설명을 해보려고 한다.

하지만 그전에 국내에서 사업자등록증을 먼저 발급받으시길 바란다. 추후 세금 파트에서 자세히 설명하겠지만 사업자등록번호가 있어야 미국에 부가세를 지불하지 않을 수 있기 때문이다. 홈택스 홈페이지에서 매우 간편하게 사업자등록증을 발급받을 수 있으니 발급받도록 하자. 또한 아마존과 페이오니아 등 사업 전용으로 사용할 메일 주소를 하나 만들도록 하자. 추후 많은 메일을 받게 될 텐데 사업 전용으로 만들어 관리하는 것이 용이하다. 국내 포털보다는 해외에서 주로 쓰이는 Gmail을 추천한다.

준비물

• 메일 주소, 사업자등록번호, 여권

해외 가상 계좌 생성하기

https://www.payoneer.com/ko/

상단 페이오니아 주소를 입력하거나 검색창에 '페이오니아' 검색 후 홈페이지에 접속하여 '가입하기' 버튼을 클릭한다.

다음 화면으로 가면 비즈니스 타입을 선택하라고 한다.

• 현재 활동 중인 비즈니스 유형 : 이커머스 셀러 및 수출 기업체
• 월평균 수입 : 비즈니스 준비 중

선택하면 다음 페이지로 넘어가게 된다.

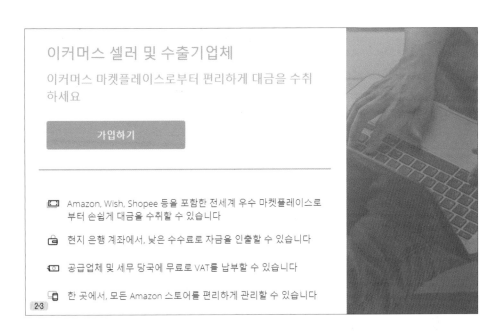

페이오니아의 서비스를 설명해주는 페이지로 넘어오게 된다. '가입하기' 버튼을 클릭한다.

본격적으로 가입 페이지로 넘어오게 된다. 개인회원으로 등록하여도 상관없지만 사업자 등록을 완료한 사업자이기 때문에 비즈니스 유형 선택에서 '기업'을 선택해준다.

아래에 영문으로만 기입하라는 문구를 기억하기 바란다. 별도로 한글로 작성하라는 안내가 없다면 모두 영문으로 기재하면 된다.

모두 입력 후 다음으로 넘어가준다.

- 회사의 법적 이름 : 사업자로 등록된 회사명 입력(예: 에이비씨 글로벌 → ABC GLOBAL)
- 사업 법인의 종류 : 개인사업자
- 공인 대리인의 세부 정보란은 본인의 정보를 입력해주면 된다.
- 권한을 가진 대리인의 이름 : Jingu
- 권한을 가진 대리인의 성 : Kang
- 이메일 주소 : 본인이 생성한 Gmail 주소 입력
- 생년월일 : 본인의 생년월일 입력

다음은 연락처 정보 기입란이나. 국가는 자동으로 선택되어 있을 것이고 사업장 주소와 시를 영문으로 입력하고 우편번호까지 입력해준다. 네이버 영문 주소 변환을 이용하면 빠르게 본인의 주소를 영문 주소로 변환할 수 있다.

이 사업장 주소는 아마존 셀러 가입 때도 사용해야 하며, 주소가 정확히 일치하여야 가입을 거절당할 확률이 줄어든다. 이 때문에 동일하게 복사해서 가지고 있도록 하자.

휴대전화 번호는 대한민국 국가번호 +82, 뒤에 10-1234-5678처럼 맨 처음 0을 제외한 번호를 입력 후 코드를 받아 입력해주고 다음으로 넘어가도록 하자.

다음은 계정 정보 입력란이다.

사용자 이름은 이전 단계에서 기입했던 본인의 이메일 주소가 입력되어 있을 것이다. 비밀번호와 보안 질문에 대한 답변 입력 후 기업 ID 부분에서 여권을 선택해준다. 여권 정보와 본인의 한글 이름을 써넣고 아래에 보안코드를 입력하고 다음으로 넘어가준다.

Payoneer 가입

시작하기   연락처 정보   계정 정보   거의 완료

개인 또는 회사 소유의 인출용 은행 계좌를 추가하십시오.

○ 개인 계정   ● 비지니스 계정

은행 개설 국가
한국

통화
KRW

은행계좌 등록 가이드를 확인하려면 여기를 클릭하십시오.
은행 이름
예: Citibank Korea

계좌 이름
예: Payoneer Inc   ❓

계좌 이름 (영문)   ❓

신분증 정보
예: 2126578131   ❓

계좌 번호
예: 01234567   ❓

☐ 조건과개인 정보와 쿠키 정책에 동의합니다
☐ 가격 및 수수료에 동의합니다.

제출

2-7

• 은행 이름 : NongHyup
• 계좌 이름 : 강진구
• 계좌 이름(영문) : Jingu Kang
• 신분증 정보 : 여권번호 재입력
• 계좌 번호 : 해당 은행의 본인 계좌번호 입력

마지막 페이지로 넘어오게 된다. 은행 계좌는 본인이 정산받을 계좌를 선택해주면 된다.
입력 후 아래 조건 및 정책 동의 후 '제출' 버튼을 클릭한다.

이렇게 가입 신청이 완료되었다. 신청을 완료하면 신청서를 검토하고 있다는 메일을 받을 수
있다. 이어서 '이메일 주소를 확인해주시기 바랍니다'라는 메일이 도착하면 '내 이메일 확인하
기'를 클릭하여 가입을 완료하면 된다.

뱅크 스테이트먼트(Bank statement) 발급받기

페이오니아 가입을 완료했다면 아마존 셀러 가입에 필요한 서류 중 하나인 뱅크 스테이트먼트를 발급받아야 한다. 우선 페이오니아에 로그인을 한다.

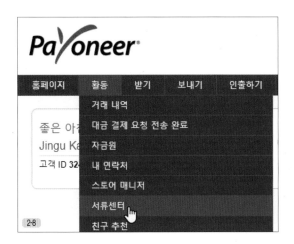

로그인 후 활동 → 서류센터 순으로 클릭한다.

서류센터에서 아마존용 계정 명세서를 클릭한다.

다음 페이지에서 수령 계좌 통화는 USD를 선택한다.

그럼 계좌를 선택하라고 하는데, 선택 버튼을 클릭하면 페이오니아 가입을 하며 개설된 계좌 목록이 나온다. 선택하고 '다음' 버튼을 클릭한다.

넘어가면 본인의 정보가 나오는데 정확히 입력되어 있는지 다시 한번 확인 후 다운로드를 클릭해준다.

그럼 사진과 같이 PDF 파일이 다운로드된다.

PAYONEER ACCOUNT STATEMENT

Reference Number:

Account Statement Generation Date:

Amazon Registered Seller Details

Seller Name : Jingu Kang

Seller Address :

Republic of Korea

Seller Email :   @gmail com

Global Payment Services – Collection Account(s) Details

USD Payment Service

Routing (ABA) :

Account Number :

Account Creation Date :

Instructions: This Account Statement is to be uploaded into Seller Central along with the National ID document as part of Amazon Seller Identity Verification process.

2-14

이렇게 발급이 완료된다. 아마존 셀러 가입 전까지 파일을 잘 보관해두도록 하자.

|03|

아마존 셀러
가입하기

이번 장에서는 아마존 셀러 가입 절차에 대해서 설명하려고 한다.

아마존 셀러 가입은 독자들이 그간 해왔던 여타 쇼핑몰 회원 가입처럼 쉬운 수준은 아니다. 가입 승인이 지연되는 일은 부지기수이고 가입 거절 사례도 많을 정도로 굉장히 까다롭다. 혹자는 "셀러는 월회비, 제품을 판매하면 수수료까지 아마존에 지불하는데 셀러가 많으면 아마존도 좋은 거 아닌가?" 하며 셀러 가입을 거절한다는 것을 이해하지 못할 수도 있다.

하지만 이는 아마존의 경영 철학을 살펴보면 이해할 수 있다. 바로 고객 중심주의다. 아마존은 사업 초기부터 고객 단 한 명의 피드백조차 무시하지 않고 고객의 소리를 중요시했다고 한다. 회의 때 빈 의자를 놓고 빈 의자에는 고객이 앉아 있으니 고객에게 불합리한 경영 방침은 내지 않겠다는 마음가짐으로 임하는 등 고객을 최우선시하는 모습을 보여왔다.

그렇다면 고객 중심주의와 셀러 가입을 까다롭게 심사하는 것이 무슨 관계냐고 물을 수 있다. 정답은 바로 악의적인 셀러로 인해 아마존 내 시장이 어지럽혀지고 늘 최상의 상태를 유지해야 할 고객 경험이 손상되기 때문이다. 악의적인 셀러란 저품질의 아이템을 마구잡이로 리스팅을 하여 하나만 얻어걸려라 하는 식으로 판매하는 셀러, 경쟁 제품에 악의적으로 별점이 낮은 리뷰를 남기는 등 아마존의 고객뿐만 아니라 셀러에게 역시 악영향을 끼치는 셀러들을 말한다. 필자는 경험해보지 못했지만 커뮤니티 등에서 사례를 가끔 볼 수 있을 정도로 예전에는 꽤나 흔한 듯했다. 그러나 앞서 설명했듯 셀러 가입 승인 조건이 까다로워지고 아마존 내부에서 필터링을 잘하고 있어 걱정하지 않아도 된다.

준비물

사업자등록번호, 페이오니아 뱅크 스테이트먼트 파일, 이메일, 신용카드, 여권 스캔본

- 신용카드 : VISA, MASTER 등 해외 결제가 가능한 신용카드
- 여권 : 만료일이 지나지 않아야 하며 본인의 사진과 서명이 잘 나오도록 한다. 빛 반사가 있거나 흐리게 나오면 거절을 당할 수도 있으니 가능한 한 폰 카메라보다는 스캔을 추천한다. 파일 형식은 PDF가 아닌 JPG, PNG로 준비한다.

아마존 셀러 계정 생성하기

이제 셀러 계정을 생성할 차례다. 시작하기 전 명심해야 하는 부분은 주소 등 각종 정보는 페이오니아를 가입할 때 사용했던 정보를 동일하게 입력해줘야 한다. 이왕이면 콤마 등 세세한 부분까지 동일하게 입력해주도록 하자. 필자도 설명을 위해 독자들과 함께 새로운 아이디를 만들어보겠다.

아마존 셀러 가입을 위해 https://services.amazon.co.kr/ 혹은 검색창에 '아마존 글로벌 셀링' 검색 후 홈페이지로 접속하자.

셀러 등록하기를 클릭해준다.

그럼 영문으로 된 셀러 센트럴로 넘어오게 된다. Create your Amazon account 버튼을 클릭한다.

· Your name : 본인 이름을 영문으로 입력 / · Email : 앞서 생성한 비즈니스 메일(Gmail) 입력 /
· Password : 6자 이상의 비밀번호 입력

모두 입력 후 Next 버튼을 클릭한다.

이메일로 인증 코드를 보냈다는 메시지가 전송되었을 것이다. 이메일을 열어보자.

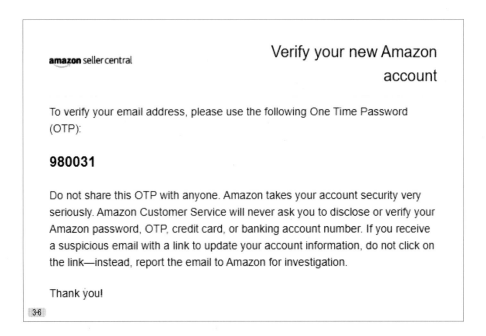

이와 같이 이메일로 전송된 코드를 확인하여 입력 후 Create your Amazon account를 클릭해
준다.

주소, 전화번호, 신용카드와 신분증을 준비하라는 내용이다.

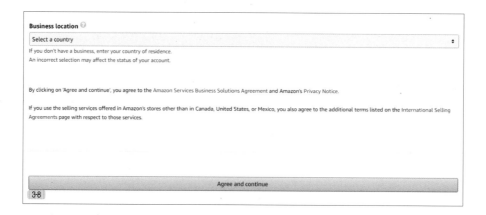

스크롤을 아래로 내려서 Business location(사업 위치)을 Korea(South)로 선택해준다.

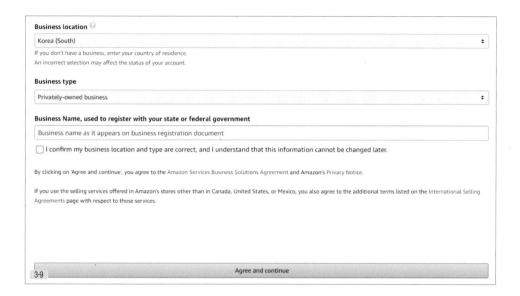

Business location을 선택하면 Business type과 Business Name 칸이 생성된다.

• Business type : Privately-owned business(개인사업자)
• Business Name : 사업자로 등록한 본인의 회사명을 영문으로 기입 후 중간에 -로 구분한 뒤 본인
  성명을 영문으로 입력한다(예시 : 회사명이 에이비씨 스토어이고 대표명이 강진구인 경우 "ABC
  STORE-JINGU KANG"으로 입력한다).

아래 "I confirm my business location and type are correct, and I understand that this
information cannot be changed later."(나의 사업장 주소와 타입을 정확하게 입력하였고,
이는 향후 변경할 수 없음을 확인했습니다)를 체크해준 뒤 하단 Agree and continue를 클
릭하자.

이제 본격적으로 가입 정보를 입력하게 된다.

- Company registration number : 한국에서 발급받은 사업자등록번호를 — 없이 입력
- ZIP / Postal code : 우편번호 입력
- State/Region : 도 입력
- City/Town : 시 입력
- Address Line 1, Apartment/Building/Suite/Other : 상세 주소 입력

다음 페이지에서 휴대전화 문자 인증이 필요하다. 국가번호는 +82를 선택해주고, 맨 앞 0을 제외한 10-1234-5678 형식으로 입력해준 뒤 Send SMS를 클릭한다.

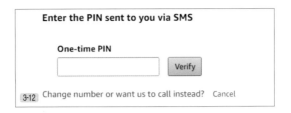

곧 문자로 숫자 코드가 올 텐데, One-time PIN에 입력하고 Verify를 눌러주면 된다.

아래 Primury contact person(우선적으로 연락받을 담당자)에는 First name(이름), Last name(성)을 입력하고 Middle name은 비워둔 채 Next를 클릭하자.

다음 페이지에서는 셀러 정보를 입력해야 한다.

Country of citizenship(시민권이 있는 국가)과 Country of birth(출생국)를 Korea(South)로 선택해 주고 아래 생년월일을 일/월/연도 순으로 맞춰 선택한다.

Residential address(주소)와 Mobile number(전화번호)는 이전에 입력한 정보가 그대로 입력되어 있을 것이다. 틀리지 않았는지 다시 한번 확인해준다.

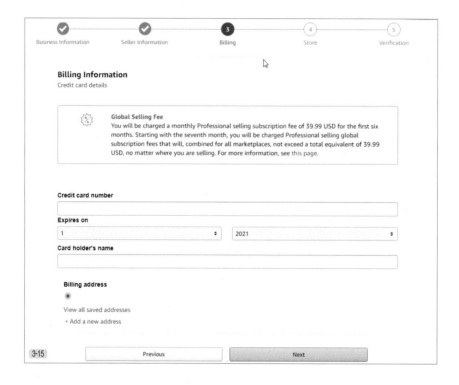

하단에 is beneficial owner of the business(본인이 이윤을 가져가는 사업자 대표이다)를 선택해주고, 밑에는 I have added all the Beneficial Owners of the Business(모든 사업자 대표를 추가했다)는 Yes로 선택하고 넘어가도 무방하다. Save를 눌러준다.

이제 프로 아마존 셀러 비용을 결제할 신용카드를 등록할 차례다.

Credit card number에 신용카드 번호, Expires on에 만료일, Card holder's name에 영문 이름을 기입하면 된다. Billing address(청구지 주소)는 앞서 입력한 주소가 자동적으로 입력되어 있을 것이다. 모두 입력 후 Next 버튼을 클릭한다.

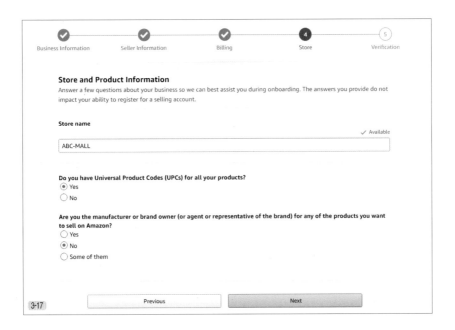

다음은 스토어 정보 입력란이다. Store name에는 본인이 사용하고자 하는 스토어 이름을 입력한다. 본인이 앞으로 계속 사용할 브랜드 이름을 입력하는 것을 추천한다. 사용 가능한 경우 Available이라는 표시가 나타나며, 중복이나 사용 불가한 스토어 이름일 경우 경고 표시가 나타난다.

Do you have Universal Product Codes(UPCs) for all your products?(당신의 모든 제품에 UPC 바코드가 있나요?)라는 질문인데, 아마존에서는 UPC라는 바코드를 사용해야 한다. 자세한 설명은 후술할 것이다. Yes를 선택해준다.

Are you the manufacturer or brand owner(or agent or representative of the brand) for any of the products you want to sell on Amazon? → 제조사 혹은 브랜드냐고 묻는 질문이다. 독자들은 현재 브랜드 등록을 하지 않은 셀러이기 때문에 No를 선택한다. 지금 선택하지 않아도 향후 정식 브랜드가 되었을 때 등록할 수 있는 방법 또한 따로 있다. Next를 눌러준다.

그럼 드디어 마지막 페이지가 나오게 된다. 마지막 페이지에서는 미리 준비해두었던 여권과 페이오니아 뱅크 스테이트먼트를 첨부해주면 된다.

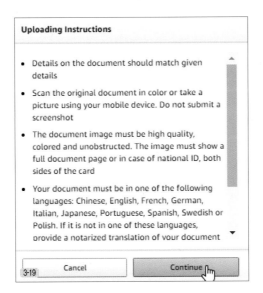

중앙 Identity document에 Upload Passport를 눌러 Continue를 누르고 스캔본을 선택해준다.

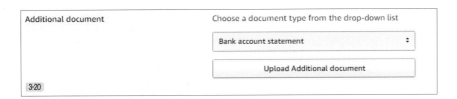

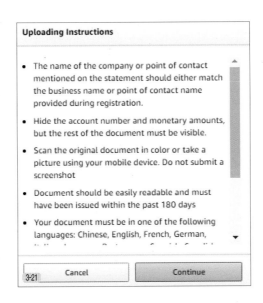

아래 Additional document는 Bank account statement로 되어 있는지 확인 후 Upload Additional document를 클릭하고 페이오니아에서 다운로드받은 뱅크 스테이트먼트를 선택 후 업로드해준다. 2가지 모두 업로드 후 Submit을 누르면 가입 신청이 완료된다.

보통 페이오니아 가입 정보와 동일하게 입력해주고, 여권을 깔끔하게 스캔해서 제출했다면 가입을 거절당할 일은 없을 것이다. 이상이 없다면 며칠 이내로 아마존에서 가입 확인 메일이 올 것이다.

화상 인터뷰

2020년 초반 정도까지만 해도 화상 인터뷰 자체가 없었지만, 앞서 설명한 것처럼 악의적인 의도를 가진 셀러 등 무분별한 가입을 필터링하기 위해 간혹 화상 인터뷰를 해야 하는 경우가 있다고 한다. 화상 인터뷰가 부담스러운 독자가 있을 수도 있지만 너무 걱정할 필요는 없다.

화상 인터뷰는 한국어로도 진행 가능하며, 진행하는 직원들이 매우 친절했다는 평이 많다. 인터뷰 또한 신분증을 얼굴 옆에 위치시켜 본인 확인을 하거나 신분증을 구부려보는 등 신분증 진위 확인 정도로 간단하다. 화상 인터뷰를 요청받은 경우, 원하는 시간으로 예약할 수 있으며 예약 일정을 변경하거나 취소하면 가입이 지연/거절될 수 있으니 신중하게 선택해야 한다. 화상 인터뷰 전에 웹캠이 있는 PC 혹은 노트북을 세팅해놓고, 사본이 아닌 실물 여권과 페이오니아에서 발급받은 뱅크 스테이트먼트를 출력하여 준비해놓도록 하자. 조용한 장소에서 질문에 대답하고 준비물을 보여준다면 문제없이 승인 처리될 것이다.

아마존 셀러 센트럴, 페이오니아 연동

아마존 가입이 승인되었다면 제일 먼저 설정해줘야 할 것이 있다. 바로 정산 부분이다. 아마존으로부터 정산을 받기 위해서는 먼저 가입해두었던 페이오니아와 아마존을 연동해야 한다. 연동 작업을 위해 페이오니아에 접속하여 로그인해준다.

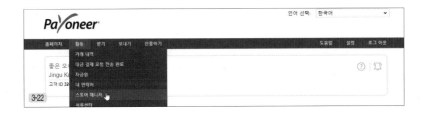

활동 → 스토어 매니저를 클릭한다.

스토어 매니저에서 새 스토어 추가를 클릭해준다.

스토어 추가하기로 넘어오면 수령 계좌 선택에서 USD를 선택해준다.

USD 수령 계좌 선택을 누르면 페이오니아 회원 가입을 하며 생성된 계좌가 1개 나올 것이다.
그 계좌를 선택하고 다음을 눌러준다.

스토어 상세 정보를 입력할 차례다.

- 마켓 플레이스 선택 : Amazon.com
- 스토어 이름 : 아마존 셀러 가입을 할 때 입력했던 스토어명 입력
- 관련 이메일 : 페이오니아, 아마존을 가입할 때 사용했던 이메일 입력

모두 입력 후 다음을 클릭해준다.

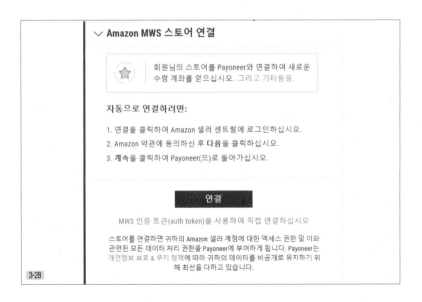

∨ 계정 명세서 상세 내용

상세 내용이 아마존 셀러 센트럴 등록에 사용된 내용과 일치하는지 확인하십시오

Amazon에서 등록된 법적 이름

국가

주소

시 또는 도 (예: 서울시, 경기도)

우편번호

ⓘ 본인은 상기 내용이 정확하며 Amazon Seller Central에 제공하여 표시된 세부 정보와 일치함을 확인하였습니다. 본인은 Payoneer가 본 정보 및 앞으로 본인이 확인할 정보에 따라 Amazon 계정 명세서 등을 발행하는 것에 동의하고 인정합니다.

다음

계정 명세서가 필요 없습니다

3-27

계정 명세서 상세 내용도 동일하게 아마존과 페이오니아에 가입할 때 사용했던 정보를 그대로 입력해주도록 하자. 모두 입력 후 다음을 클릭한다.

∨ **Amazon MWS 스토어 연결**

☆ 회원님의 스토어를 Payoneer와 연결하여 새로운 수령 계좌를 얻으십시오. 그리고 기타등등.

자동으로 연결하려면:

1. **연결**을 클릭하여 Amazon 셀러 센트럴에 로그인하십시오.
2. Amazon 약관에 동의하신 후 **다음**을 클릭하십시오.
3. **계속**을 클릭하여 Payoneer(으)로 돌아가십시오.

연결

MWS 인증 토큰(auth token)을 사용하여 직접 연결하십시오

스토어를 연결하면 귀하의 Amazon 셀러 계정에 대한 액세스 권한 및 이와 관련된 모든 데이터 처리 권한을 Payoneer에 부여하게 됩니다. Payoneer는 개인정보 보호 & 쿠키 정책에 따라 귀하의 데이터를 비공개로 유지하기 위해 최선을 다하고 있습니다.

3-28

Amazon MWS 스토어 연결이라는 마지막 단계가 나오는데, 연결을 클릭하고 아마존 셀러 센트럴에 로그인한다.

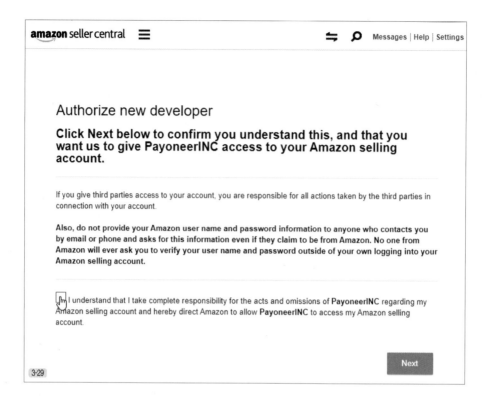

그럼 아마존에서 외부 개발자 연결을 승인할 것이냐는 문구가 나온다. 아래 동의를 체크해주고 Next를 눌러주면 연결이 완료된다. 이제 아마존이 정산을 해줄 때마다 페이오니아의 가상 계좌로 입금이 될 것이고, 가상 계좌로 입금된 USD를 원화로 한국 계좌에서 수령할 수 있다.

페이오니아는 인출할 때마다 수수료를 지불해야 하는데 수수료는 최대 1.2%이다. 특별히 프로모션이 없다면 독자들은 1.2%의 수수료로 시작할 것이다.

하지만 이용을 하다 보면 3-30과 같이 프로모션을 통해 수수료를 인하받을 수 있다. 수수료는 따로 청구하는 방식이 아닌 인출할 때 환율에 포함되어 계산된다. 환율이 높을 때 인출한다면 수수료가 큰 의미가 없기 때문에 환율을 잘 살펴보며 인출하는 것도 하나의 방법이다.

안녕하세요

페이오니아 수수료 인하 프로모션 대상자로 선정되신 것을 축하드립니다!
2020년 9월에 인출 수수료가 0.9%로 조정이 완료되었습니다.

페이오니아 계정 내 등록하신 국내 계좌로 인출하실 때 0.9%로 인하된 수수료 혜택을
누리실 수 있습니다. 프로모션 기간 이후에도 동일한 수수료가 적용되니, 향후 적극적
으로 페이오니아 서비스를 이용하시길 바랍니다.

<u>지금 나의 페이오니아 계정 확인하기</u>

보다 자세한 프로모션 관련 사항은 <u>블로그</u>를 통해 참고해주세요.

앞으로도 페이오니아 프로모션 및 이벤트에 지속적인 관심을 부탁 드립니다.
문의사항이 있으시면 페이오니아 사업개발팀 (<u>saleskorea@payoneer.com</u>) 으로 연락
주시기 바랍니다.

감사합니다.
페이오니아 드림

3-30

아마존은 현재 2주 정산을 해주고 있다. 국내 오픈마켓과 비교하면 꽤나 괜찮은 정산 조건이
라고 할 수 있다. 하지만 고객 환불 등의 발생 가능성을 염두에 두고 정산 전 1주치 판매 분은
정산을 해주지 않고 묶어둔다는 점은 짚고 넘어가야 한다.

사업자등록번호 등록 확인

정산 시 부가세 10%를 지불하지 않기 위해 가입할 때 등록한 사업자등록번호가 정상적으로
등록되었는지도 한번 확인해봐야 한다. 셀러 센트럴을 접속한다.

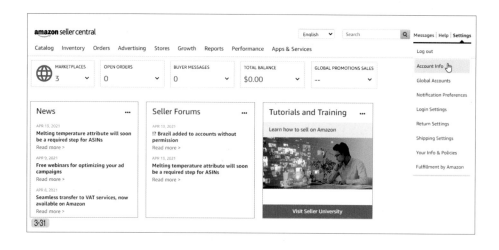

우측 상단 Settings → Account Info를 클릭해준다.

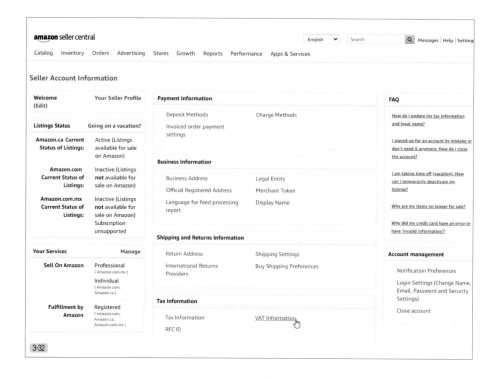

하단 Tax Information에서 VAT Information을 클릭한다.

상기와 같이 VAT Registration Number에 본인의 사업자등록번호가 등록되어 있고, Registered VAT/GST Address에 사업장 주소가 적혀 있으며 Registered VAT/GST Status에 Verified라고 표기되어 있다면 정상적으로 등록이 완료된 것이다. 하지만 등록이 안 되어 있다면 바로 등록을 해줘야 한다. 방법은 매우 간단하다.

Add new VAT/GST Registration number를 클릭한다.

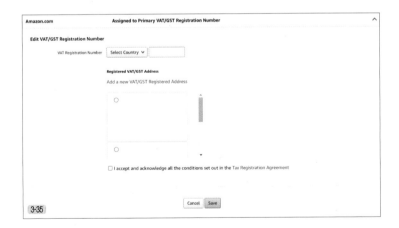

Select Country에서 Korea(South)를 선택하고 옆에 사업자등록번호가 입력한다. 그리고 하단 Registered VAT/GST Address에서 본인의 사업장 주소를 선택한다. 마지막으로 아래 동의 체크 후 Save를 누르면 등록이 완료된다.

셀러 계정 업/다운그레이드 방법 설명

아마존은 프로페셔널 셀러 비용 $39.99이 매달 청구되기 때문에 바로 아마존 판매를 시도해 볼 것이 아니라면 계정을 잠시 다운그레이드 해놓아도 좋다. 반대로 빠른 시간 내에 첫 상품을 골라서 아마존 창고로 보낼 생각이라면 다운그레이드를 할 필요는 없다. 아마존 FBA는 상품 리스팅을 하고 나서 아마존 FBA 창고로 내가 해당 리스팅 물건을 몇 개 보내겠다고 배송을 생성해야만 아마존에서 라벨을 제공받을 수 있다. 이를 부착해서 아마존 창고로 보내야 입고 처리가 가능하다. 프로 셀러가 아닐 경우 창고에 아주 협소한 공간만을 지원해주기 때문에 사실상 정상적인 셀러를 하기에는 부적절하다. 아이템 선정, 상품 리스팅, 상품 발송 준비가 끝난 시점에서는 프로페셔널 셀러로 다시 업그레이드해야 한다. 방법은 매우 간단하다.

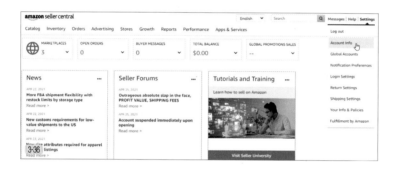

셀러 센트럴 로그인 후 우측 상단 Settings → Account Info를 클릭한다.

좌측 하단 Your Services 옆 Manage를 클릭한다.

My Services에서 Sell On Amazon 옆에 위치한 Downgrade를 클릭한다.

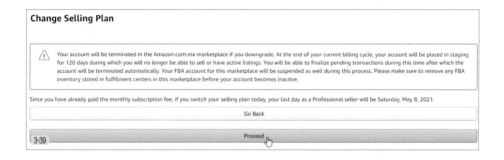

Proceed를 클릭하면 다운그레이드가 완료된다. 업그레이드의 경우도 똑같이 진행해주면 된다.

다운그레이드 작업 후 문의하기를 통해 프로 셀러 비용 결제를 취소 요청하면 다운그레이드 작업은 완료된다. 문의하기는 바로 이어서 다음 장에서 소개하도록 하겠다.

아마존 셀러 케이스 / 아마존 메시지

이번 장에서는 문제가 발생했거나 질문이 생겼을 때 아마존에 도움을 요청하는 방법과 고객에게 문의나 기타 메시지를 받았을 때 확인하고 답할 수 있는 아마존 메시지에 대해 알아보도록 하겠다.

아마존에 하는 문의를 '케이스를 생성한다 혹은 케이스를 연다'로 표현한다. 케이스 같은 경우 아마존 코리아 직원들에게 한글로 문의하고 한글로 답변받을 수 있다. 그리고 자주는 아니지만 가끔 고객에게서 메시지가 오기도 하는데 내용은 보통 배송 기간, 교환/환불 처리 문제, 제품에 대한 질문 등이다.

배송, 교환, 환불은 FBA 셀러에게 권한 자체가 없기 때문에 "불편하시겠지만 아마존 측에 문의를 하시면 바로 처리해 줄 것이니 그쪽으로 연락 바랍니다." 정도로 답변하면 된다. 그 외질문 사항 등은 역시 네이버 파파고를 이용하여 가볍게 대응해주면 된다. 메시지가 거의 오지않기 때문에 신경을 많이 안 써도 된다. 하지만 고객의 메시지를 24시간 안에 답변하지 않을경우에 잘못하면 페널티가 가해질 수 있으므로 조심해야 한다.

아마존 셀러 케이스

먼저 셀러 센트럴에 로그인한 후 언어를 한국어로 바꿔준다.

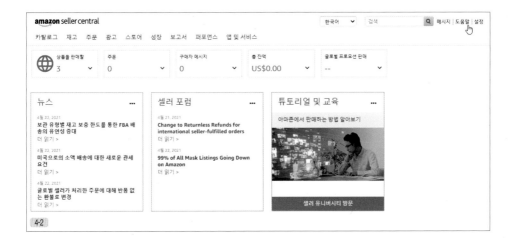

우측 상단에서 도움말을 클릭한다.

다음 페이지에서 아래로 스크롤하여 아마존에 연락하기를 클릭한다.

케이스 로그 보기에서 Fulfillment By Amazon(아마존 주문 처리 서비스)을 클릭한다.

추가 메뉴가 열리면 질문하고자 하는 카테고리를 선택하여도 되고, 없으면 기타 FBA 문의를 클릭한다. 모든 질문을 기타 FBA 문의로 해도 상관없다.

해당되는 문제를 선택하거나 기타 FBA 관련 문의를 클릭한다.

참고: 이 양식을 사용하여 보상을 요청하면 요청에 대한 응답이 지연될 수 있습니다. 적절한 옵션을 선택하십시오.

제목

기타 FBA 관련 문의

문의하실 내용을 구체적으로 입력하십시오. 필수

ASIN, SKU 또는 FNSKU(5개씩 제출) (선택 사항)

연락 방법

이메일 전화 채팅

추가 정보 (선택 사항)
+ 첨부 파일 추가

이메일 참조 추가

번호 (선택 사항, 전화 회신을 원하는 경우)

(XXX) XXX-XXXX 내선ᐟ 미국

전송

4-7

그럼 이렇게 문의 내용을 작성하는 칸이 나온다. '문의하실 내용을 구체적으로 입력하십시오' 부분에 도움이 필요한 문제를 상세하게 입력한다. 아래 이메일에는 답변을 수신할 이메일을 입력한다. 휴대전화 번호는 입력해도 되고 입력하지 않아도 된다.

필자의 경험을 통한 한 가지 팁은 휴대전화 번호를 적어놓을 경우 간혹 아마존 코리아 직원이 직접 전화하여 설명해 줄 때가 있는데, 이때 다른 궁금한 사항이나, 직원의 답변에 대한 추가 질문을 할 수 있어 도움이 된다. 그렇기 때문에 자세한 설명을 필요로 하거나 다른 질문도 함께 하고 싶다면 휴대전화 번호를 입력한 뒤 문의 내용에 가능하면 전화를 주면 좋겠다고 남겨놓도록 하자. 또한 답변을 전화로 받더라도 아마존 직원이 친절하게 정리하여 메일로 한 번 더 관련 답변을 보내준다. 거의 모든 발생 문제에 대해 해결받을 수 있으니 셀러 케이스를 잘 활용하도록 해야 한다. 보통 24시간 내에 문의에 대한 답변을 받을 수 있다.

판매 시도를 바로 하지 않을 독자의 경우 다운그레이드 완료 후 결제 취소를 요청해야 한다.

문의하기로 프로 셀러 비용 결제를 취소하고 싶다고 남기면 아마존 직원이 확인 후 처리해
준다.

아마존 메시지

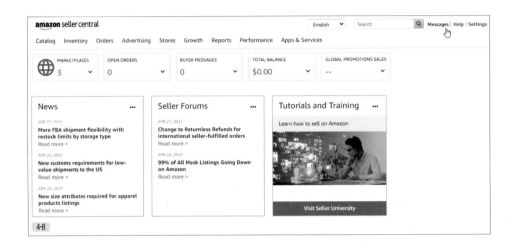

아마존 메시지를 수신할 경우 메일로 메시지를 확인하라는 알람을 받을 수 있고, 셀러 센트럴
에 로그인하면 메뉴 아래 중앙 부분의 BUYER MESSAGES에 숫자가 표시된다. 메시지 확인을
위해서는 우측 상단 Messages를 클릭한다.

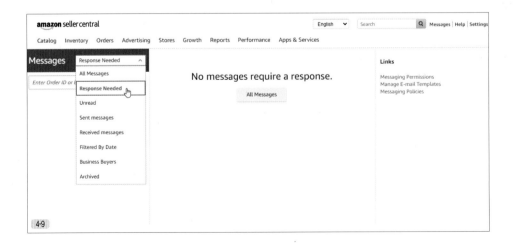

메시지로 넘어오면 수신한 메시지가 있을 경우 바로 표시되며 필터를 지정하여 확인할 수도 있다. Response Needed는 답변이 필요한, 새로 도착한 메시지를 의미한다.

메시지를 받았을 경우 이와 같이 답변할 수 있다. 관련 내용을 답변하거나 답변이 필요한 메시지가 아닐 경우 No Respnose Needed를 클릭해주면 된다.

답변이 필요 없는 메시지에 무엇이 있을까 궁금할 독자도 있을 것이다. 가끔 제품을 무료로 제공해주면 좋은 리뷰를 남겨주겠다는 메시지를 받을 수도 있는데 절대 응하지 말고 No Respnose Needed를 눌러주길 바란다. 리뷰가 없거나 부족한 초기에는 좋은 리뷰가 필요하여 혹할 수도 있으나 리뷰에 대하여 아마존의 정책은 굉장히 엄격하다. 이는 어뷰징으로 간주되어 리스팅이나 계정이 정지를 당할 수도 있다. 또한 무료로 제품을 보내준다 할지라도 실제로 리뷰를 남겨줄지도 미지수다. 각별히 주의하길 바란다.

PART **2**

셀러 센트럴,
브랜드화 이해하기

|05|

아마존 셀러 센트럴
메뉴 소개

이번 장에서는 셀러 센트럴을 이용하면서 알아야 할 필수적인 메뉴들을 간략히 소개하려고 한다. 자세한 이용 방법은 이후 필자가 순서대로 설명을 진행해 나가면서 한 번 더 짚고 가도록 하겠다. 거의 매번 사용하는 메뉴들만 사용하게 될 것이다. 직접 해나가며 자연스럽게 익히게 될 것이니 자주 쓰이는 메뉴가 어떤 것들이 있는지 정도만 알고 넘어가도록 하자.

Inventory Placement 세팅

제일 먼저 Inventory Placement(재고 배치 서비스)를 짚고 넘어가보려고 한다. 재고 배치 서비스를 설명하기 전에, 아마존 FBA 관련 정책을 하나 알아야 한다. 바로 빠른 배송이다. 아마존은 프라임 회원에게 제품을 3일 내 배송하는 서비스를 시행하고 있다. 하지만 미국은 영토가 굉장히 크기 때문에 어느 한 지역의 창고에서 미국 내 전 지역으로 빠른 배송을 수행하기 어려운 환경이다. 예를 들면 창고가 서부 캘리포니아에 위치하여 있다면, 동부 뉴욕으로 물건을 보내는 데 2~3일의 시간은 빠듯할 것이다. 이러한 문제를 해결하기 위해 아마존에서는 전국 각지의 도시에 아마존 창고를 설립하였다. 전국 각지 혹은 부분적으로 아이템을 분산시켜 보관하면서 주문한 고객에게서 가장 가까운 창고에서 배송을 시작하여 빠르게 수령할 수 있도록 하는 것이다. FBA 셀러의 경우 이러한 빠른 배송을 앞세워 더 많은 소비자들에게 선택을 받을 수 있는 혜택을 받고 있기 때문에 본인의 판매 상품을 분산하여 입고시킬 의무가 지워지게 된다.

상품을 리스팅을 하고, 물건을 아마존 창고로 보내기 위하여 아마존 배송을 생성하면, 미국 내 수많은 아마존 창고 중 상황이 나쁘지 않고 비교적 여유로운 곳으로 창고를 지정해준다. 물건은 지정받은 주소로만 보내야 하는데, 이때 지정받은 창고가 한 군데일 수도 있고, 세 군데가 될 수도 있다. 아마존 측에서 명확히 밝힌 사항은 없으나 예측컨대 창고 상황과 아이템 종류, 사이즈, 무게 등에 따라 시스템에서 자동 지정해주고 있는 듯하다. 재고 배치 서비스란 내 상품을 무조건적으로 한 군데의 창고로 발송할 수 있도록 하고, 미국 내 각지 창고로 분산 시키는 작업은 아마존이 대행해주는 서비스를 뜻한다. 아이템 카테고리와 사이즈, 무게에 따라 다르지만 역시나 서비스 비용이 발생한다. 창고를 세 군데로 배정받아서 보내게 될 경우 업무가 가중되고 까다로워지겠지만 추가 비용이 들지 않는다.

하지만 배송 자체가 1번에서 3번으로 늘어나는 것이기 때문에 배송비가 증가됨은 피할 수 없다. 그렇기 때문에 지금 설명할 재고 배치 서비스 사용을 On/Off 하는 방법을 숙지해두어야 한다. 기본적으로 서비스 Off로 설정해두고, 배송을 만들었을 때 세 군데 창고로 보내도록 배정받는다면 재고 배치 서비스를 On하여 발생 비용을 확인해야 한다. 이 발생 비용과 세 군데로 보냈을 때 추가로 발생하는 배송비를 제조사에게 확인하고 차이를 비교하여 저렴한 쪽으로 선택해주면 된다.

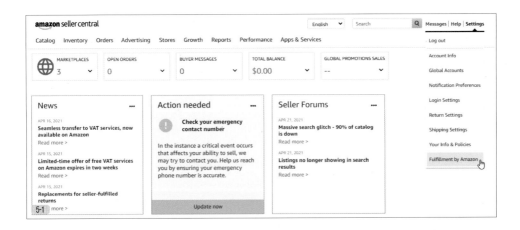

먼저 셀러 센트럴에 로그인한 후 우측 상단 Settings → Fulfillment by Amazon 순으로 클릭한다.

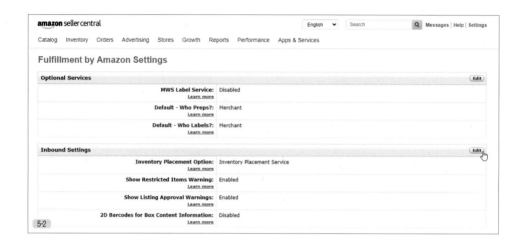

두 번째 메뉴인 Inbound Settings 우측 Edit 버튼을 클릭한다.

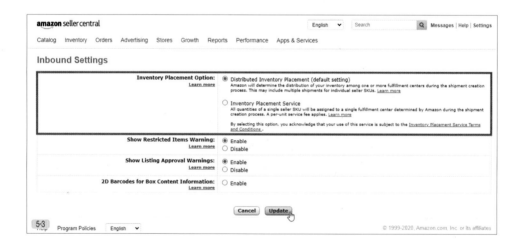

그럼 상단에 Inventory Placement Option이라는 것이 바로 재고 배치 서비스 사용 여부다.

Distributed Inventory Placement로 선택이 안 되어 있다면 선택 후 Update를 누르면 서비스 Off 상태가 된다. 비교를 해볼 때에는 반대로 Inventory Placement Service를 선택하고 Update한 다음 배송을 재생성해보면 된다.

각 메뉴의 핵심 역할 설명

그럼 이제 각 메뉴를 하나씩 짚어가며 설명해보려고 한다. 앞서 말했듯 사용하면서 익혀나가면 되니 바로 숙지하려고 하지 않아도 된다. 또한 필수 메뉴의 사용법 같은 경우 필자가 설명을 진척시켜 나가면서 자세히 설명할 것이다.

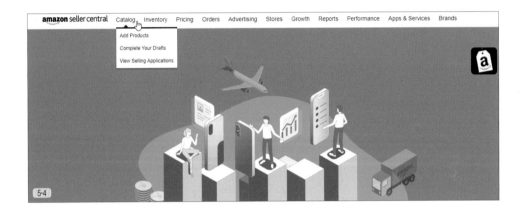

카탈로그에서는 Add products를 사용하게 될 것이다. Add products는 말 그대로 상품 등록을 할 때 사용한다. 상품 리스팅 파트에서 자세히 설명하겠다.

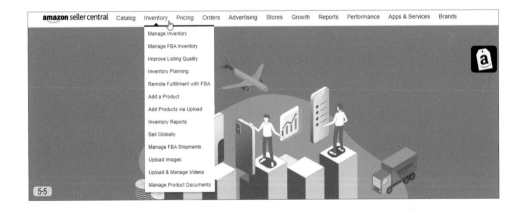

Inventory에서는 Manage Inventory/Manage FBA Inventory를 이용하여 재고 상황을 체크하고 재고가 부족할 경우 배송을 생성할 수 있다. Manage FBA Shipments에서는 아마존 창고로 보내기 위해 생성한 배송 목록과 진행 상황 업데이트를 확인할 수 있다. Upload & Manage

Videos 같은 경우, 예전에는 브랜드 등록을 완료한 셀러만 이용할 수 있었시만 현재는 아마존에서 판매를 1년 넘게 해온 셀러에게 동영상 게시 자격을 부여했다. 동영상을 업로드하면 해당 제품 리스팅에 같이 표시된다.

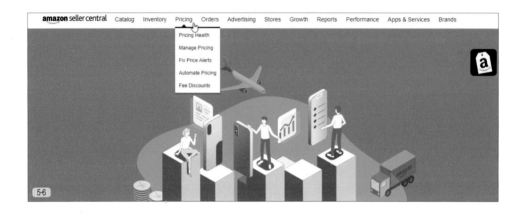

Pricing 같은 경우는 필자가 설명하는 PL 셀러보다는 RA 셀러에게 해당되는 메뉴이다. 같은 품목을 여러 명이 함께 팔면 경쟁 셀러는 판매 증진을 위해 가격을 내릴 것이고 다른 누군가의 제품은 판매가 일어나지 않게 된다. 이때 본인의 가격이 최저가인지 아닌지 확인할 수 있다.

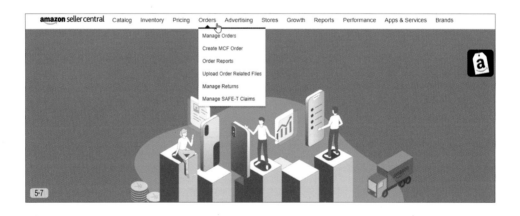

Orders에서는 Manage Orders를 통해 주문 내역을 확인할 수 있다. 어느 제품이 몇 개나 팔렸는지 지속적으로 체크하고 재고 상황을 확인하여 제품의 재고가 떨어지기 전에 재보충 계획을 세우도록 해야 한다. Manage Orders에서 판매/교환/환불 상태까지 확인 가능하다.

Create MCF Order는 셀러 본인이 자체적으로 주문을 생성하는 것이다. 예를 들어 향후 판매 채널을 넓혀 쇼피파이에서 판매를 한다고 가정했을 때, 판매가 이루어지면 고객의 주소와 정보를 입력하여 아마존에게 배송을 요청하는 신청서를 제출하는 개념으로 보면 된다. 이 역시 동일하게 FBA 수수료가 적용된다. 추가로 본인의 제품을 받아보고 싶을 때 사용해도 좋다(한국으로 직배송은 불가하며 배송 대행지를 통해야 한다).

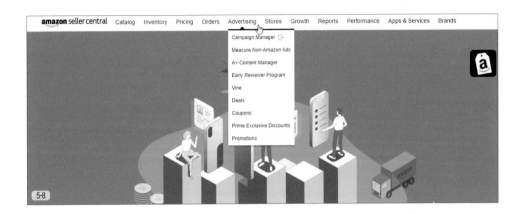

Advertising은 광고를 관리하는 메뉴이다. 광고 파트에서 자세히 다룰 것이다.

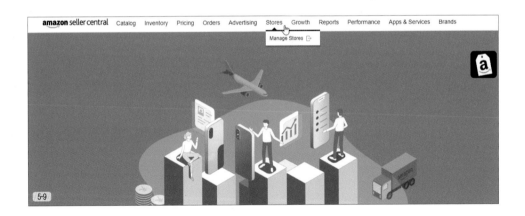

Stores는 브랜드 셀러에게 주어지는 혜택으로, 아마존 내에 브랜드 페이지를 갖게 된다. 브랜드 페이지에 제품을 추가하거나 꾸미는 활동을 할 수 있다.

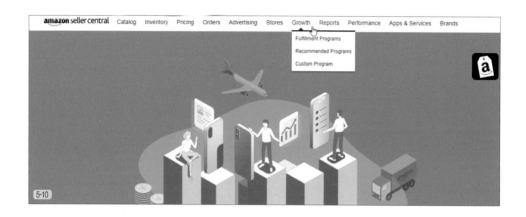

Growth 메뉴는 셀러에게 도움이 되는 프로그램을 신청하는 메뉴이다. Small and Light Program이라는 것이 있는데, 크기가 작고 가격이 $7 이하인 제품에 대해서 따로 관리하여 수수료 부담을 줄여주는 프로그램이다. 하지만 $7 이하의 제품을 판매할 경우 마진이 굉장히 적기 때문에 판매를 추천하지 않는다. 다만 본인 제조 제품이거나 자사 제품이고, 작고 가벼운 제품이며 저가 상품이라면 이러한 프로그램은 신청해주어야겠다.

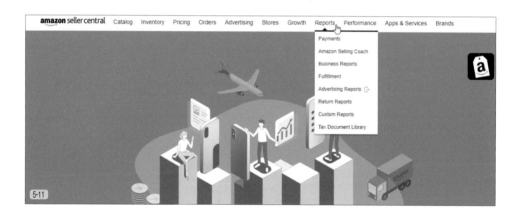

Reports에서는 각종 보고서 및 정산 상황을 확인할 수 있다. Payments에서 본인의 정산금과 정산 날짜, 내역을 확인할 수 있다. Business Reports에서는 기간별 판매량, 노출 수, 트래픽 (본인의 제품을 잠재 소비자가 얼마나 클릭하여 상세 페이지로 들어왔는지) 등을 확인할 수 있다. Advertising Reports에서는 집행 광고의 효율을 확인하는 용도로 보고서를 생성할 수 있다. 기본적인 판매량과 효율은 Advertising 메뉴에서도 확인이 가능하다.

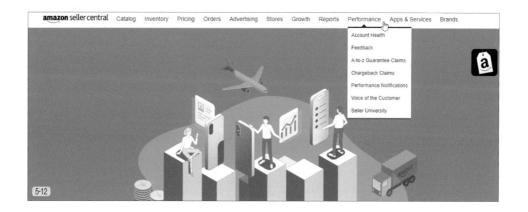

Performance에서는 현재 셀러로서의 수행이 기록되는 곳으로 이해하면 편하다. Account Health는 아마존 정책을 잘 지키고 있는지, 부정적인 피드백을 많이 받았는지, 환불이 잦은지 그리고 불량 상품이 많은지 등을 아마존 자체적으로 평가하여 보여준다. Account Health 상태가 좋지 않을 경우 계정 정지로 이어질 수 있으니 주의해야 한다. 하지만 정상적인 제품을 가지고 판매를 한다면 불이익을 받을 일은 없다고 보면 된다.

App & Services에서는 아마존 셀러 앱과 기타 아마존 관련된 앱들을 확인할 수 있는 곳이다. 독자들 또한 앱스토어/구글 플레이에서 Amazon Seller 앱을 받아두는 것을 추천한다.

Brands 메뉴는 브랜드 셀러에게만 제공되는 메뉴이다. Brand Analytics를 통해 현재 아마존의 검색 트렌드 등을 확인할 수 있고, Customer Reviews에서 모든 상품의 리뷰를 최신 날짜 순으로 확인할 수 있다. Virtual Bundle에서는 기존에 팔고 있는 본인의 상품을 세트 상품으로 묶어 판매할 수 있도록 하는 메뉴이다. 각각 판매하고 있던 상품들 중 어울리는 상품들을 묶어서 하나의 리스팅을 추가로 생성한다면 좋은 전략이 될 수 있을 것이다.

Chapter

|06|

내 상품들을
브랜드화할 것인가?

온라인 셀러를 처음 해보는 사람에게 브랜드화는 매우 낯설고 어렵게 다가올 수 있다. 뭔가
대단하고 어려워 보여서 '처음 하는 내가 굳이 이렇게까지 해야 되나?'라고 생각할 수도 있다.
하지만 이 책을 읽는 독자들은 모두 시작부터 브랜드화를 하기 바란다. 사실 브랜드화라고 하
여 크게 어려운 것도, 복잡한 것도 없다. 다만 본인의 브랜드 이름과 로고를 만들어 리스팅 할
때 브랜드명을 기입하고, 판매할 상품 박스에 로고를 새겨 넣는 간단한 일부터 시작하면 된
다. 정식 브랜드 등록은 추후 고려하여 결정하면 되고, 절차 또한 복잡하지 않다.

브랜드화해야 하는 이유

아마존에서 자신의 제품을 브랜드화해야 하는 이유는 여러 가지가 있다.

첫째로, 아마존에서는 브랜드 셀러를 우대한다. 앞서 설명했던 아마존의 고객 중심주의와 일
맥상통한다. 브랜드 셀러는 시간, 노력과 금전적인 부분을 투자하여 자신의 상품을 정성 들여

판매할 준비가 되어 있거나 그러한 의지가 있는 정식 상표를 출원한 셀러로서 검증된 셀러를 의미하기도 한다. 불량 셀러를 색출해내는 데 혈안인 아마존에게 대부분의 정식 브랜드 셀러는 타이트한 감사 제외 대상이기도 하겠다.

변경된 브랜드 등록 정책을 보면 아마존이 정식 브랜드 셀러를 늘려나가고 싶어 하는 의지가 확실해 보인다. 1~2년 전까지만 해도 아마존에 브랜드를 등록하기 위해서는 브랜드를 출원하고 최소 6달 이상 걸려서 승인이 완료되어야만 등록 가능했던 부분이, 최근에는 출원 신청만 하면 얻을 수 있는 시리얼 넘버만으로 등록 가능해졌다. 또한 IP Accelerator라는 프로그램을 이용하여 아마존 내에서도 바로 브랜드 신청, 등록이 가능하다. 실제로 신청만 한다면 한 달 안으로 브랜드 셀러가 될 수 있다.

두 번째로, 아마존은 일반 셀러보다는 브랜드 셀러에게 더 많은 혜택을 제공한다. A+ 콘텐츠, 아마존 포스트 등 실제로 판매에 영향을 미치는 부분이기 때문에 일반 셀러와 브랜드 셀러는 차이가 날 수밖에 없다. 브랜드 셀러를 위한 추가 기능 등 자세한 사항은 추후 브랜드 레지스트리 파트에서 자세하게 설명하겠다.

세 번째로, 제품에 대한 잠재 고객들의 시선이다. 고객이 어떠한 제품이 괜찮아 보여 클릭하고 상품 페이지로 들어왔을 때 그냥 제품 사진만 있는 것과, 브랜드 로고가 삽입된 박스같이 보이는 제품 중에 어느 제품이 조금이라도 더 믿음이 가고 구매 욕구를 불러일으킬까? 볼 것 없이 후자일 것이다. 잠재 고객들의 시선을 의식해서라도 첫 시작에는 정식 브랜드 셀러는 아닐지라도 브랜드 셀러처럼 보여야 한다.

네 번째로, 향후 정식 브랜드 출원을 할 시 용이하다. 필자는 미국에 브랜드를 정식 등록한 브랜드 셀러로서 출원 경험이 있다. 출원 시 브랜드명, 로고를 제출해야 하며 만약 출원 이전에 자신의 브랜드 로고 혹은 브랜드명이 표기된 제품이나 포장 박스 등을 이용하여 판매를 한 이력, 증거가 있다면 출원이 수월해진다. 필자는 출원 대행업체를 통해 진행했었는데 업체 측에서 이러한 자료가 있다면 좋다고 하였다. 이미 한창 브랜드 로고가 삽입된 제품 박스에 포장하여 아마존에서 제품을 판매하고 있던 필자는 손쉽게 제품 판매 페이지를 캡처하여 넘겨주었을 정도로 간단했다.

마지막으로는 아마존 셀러로서 장기적이고 궁극적인 목표 달성을 위해서이다. 바로 고객들에게 선호하는 브랜드로 인식되어 브랜드명을 검색하여 내 상품을 찾아보게 하는 것이다. 정말 많은 브랜드와 상품이 존재하는 아마존 시장에서 오랜 시간 질 좋은 제품과 브랜딩에 집중하여 다수의 고객들에게 본인의 상품을 각인시켜 인정받는 브랜드가 되는 것만큼의 성취는 없을 것이다. 제조사의 물건을 가져와 브랜드화하여 판매하는 것으로 시작하지만, 향후에는 직원들을 고용하여 내 공장에서 내 브랜드만의 제품을 만들어 판매하여 성공하는 것을 최종 목표로 잡자.

알리바바

상품을 선정하는데 앞서 앞으로 제품을 소싱하는 데 이용할 알리바바란 어떤 곳인지 짚고 넘어가려고 한다.

알리바바는 중국 최대의 전자상거래 업체로 14억 4천만의 인구가 있는 중국 내에서 전자상거래 부분 80% 이상의 점유율을 차지하고 있다. 한 번씩 들어봤을 법한 이름인 '마윈'이 설립자이며 처음에는 중국 내 중소기업과 중견기업이 바이어 확보에 겪고 있는 어려움을 해소해주고자 기획한 플랫폼이다. 현재는 전 세계에서 이용하고 있으며 대부분의 고객은 우리와 같은 1인 기업부터 대기업까지 다양하다. 제조사로부터 직접 물건을 받아볼 수 있기 때문에 저렴한 가격이지만 대부분의 상품에 MOQ(Minimum Order Quantity : 최소 주문 수량)가 있기 때문에 기업 소비자에게 적합한 플랫폼이다. 개인 소비자를 위한 쇼핑 플랫폼으로는 알리바바에서 파생된 알리익스프레스, 타오바오 등이 있다.

알리바바를 이용하는 이유

알리바바는 중국 현지 기업들이 대거 입점해 있는 곳이다. 수많은 제조 공장/유통사를 비교하여 저렴한 가격에 아이템을 소싱할 수 있다는 장점이 있다. 원가를 절감할 수 있다는 부분이 장점이기도 하지만 알리바바를 선택해야만 하는 이유이기도 하다.

또한 필자의 경험으로는 많은 알리바바 판매자들이 아마존 셀러 고객을 대응한 경험이 있기 때문에 일처리가 수월하다. 아마존 FBA 시스템을 이용하기 위해 필요한 기본 세팅인 상품 박스에 바코드를 삽입하는 것과 이러한 상품들을 다시 커다란 박스(Carton)에 포장하고 배송 라벨링을 할 줄 아는 판매자를 만난다면 일하기가 정말 편해진다. 혹시 모르더라도 설명해주면 되고 비슷한 작업을 해본 곳이 대부분이기에 걱정할 필요는 없다. 그리고 판매자들이 판매하는 상품의 디자인이나 디테일적인 요소들을 어느 정도 바꿀 수 있다.

부분 변경을 거부하는 곳도 있을 것이고 최소 주문 수량을 대폭 향상하는 곳도 있겠지만 경험상 대부분의 제조사에서 커스텀이 가능하다. 기존에 제조사에서 만들고 있는 제품의 디자인이나 편리성 등을 기존보다 향상할 수 있을 뿐만 아니라 어느 정도 제조 기술이 있고 경험이 있는 제조사라면 본인이 새롭게 디자인한 제품도 제작 가능하다. 또한 제조사에 이 디자인의 저작권은 나에게 있으니 다른 판매자에게 팔면 안 된다고 못을 박아버리면 다른 셀러들이 내 상품을 따라 할 가능성은 현저히 줄어들게 된다. 하지만 시간과 돈이 더 소요될 테니 적절히 이용해야 하겠다.

알리바바 살펴보기, 회원 가입

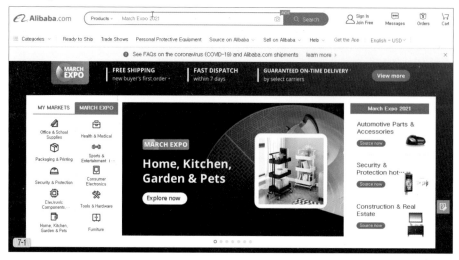

https://www.alibaba.com/

Alibaba.com에 접속하여 알리바바를 살펴보도록 하자. 전 세계에서 이용하는 사이트인 만큼 첫 설정은 영어로 되어 있다.

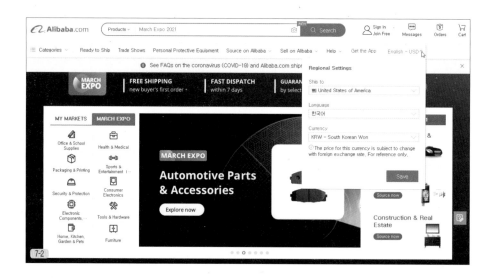

우측 상단 English-USD로 설정되어 있는 부분을 클릭하여 Language → 한국어, Currency → KRW로 변경하면 한글 및 원화로 표기된다.

이와 같이 한국어 인터페이스를 지원한다. 다만 메인 페이지 같은 알리바바에서 자체적으로 구성해놓은 부분은 번역의 어색함이 덜하지만 상품명, 상품 상세 설명 등 제조사에서 작성해 놓은 부분은 번역기를 돌려놓은 듯한 어색한 표현일 때가 많다. 하지만 사용하는 데는 무리가 없을 정도이다.

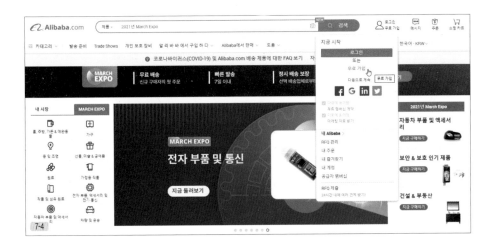

다음은 회원 가입을 해볼 차례다. 우측 상단 로그인, 무료 가입 메뉴에 마우스를 갖다 대고 무료 가입 버튼을 눌러준다.

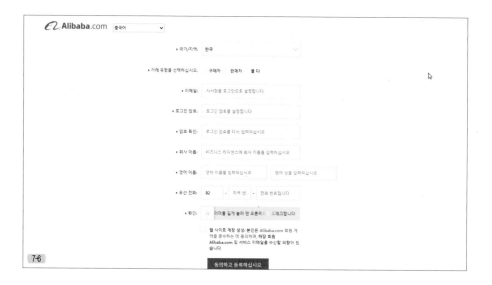

인터페이스를 한국어로 바꿨음에도 회원 가입 페이지는 이와 같이 중국어로 표시되지만 Chrome이나 Edge 브라우저를 이용하면 우측 상단과 같이 한국어로 번역 표기가 가능하니 번역을 클릭해주고 진행하면 된다.

이렇게 번역이 되고 간편하게 회원 가입이 가능하다. 본인의 정보를 모두 입력하고 회원 가입을 완료해주도록 하자. 알리바바를 활용하는 방법은 다음 장에서 자세히 설명하겠다.

PART **3**

아이템 소싱과
정식 주문

|08|

상품 선정하기

PL과 RA

상품 선정에 대해 알아보기 전에 아마존에서의 2가지 판매 방식을 알아보려고 한다. 바로 PL 과 RA이다.

PL(Private Label)

유통 업체 자체 개발 상품 : 유통 업체가 제조업체에 주문하여 생산한 상품에 자사의 상표를 붙 여 판매하는 자체 개발 상품을 뜻하는 말로, PB(Private Brand) 상품이라고도 한다.

PL은 필자가 독자들에게 알려주려고 하는 방식이다. 제조는 내가 아닌 다른 업체에서 하지만 나의 제품을 요구대로 생산해주거나, 이미 공장에서 생산하고 있는 상품에 나의 브랜드 로고 나 커스텀 포장 박스 등을 적용시켜주고 나는 그것을 아마존에 내 브랜드 이름으로 판매하는 것이다.

PL의 장점은 브랜드화가 가능하다는 것이다. 앞서 설명했던 브랜드화를 하기 위한 조건에 부합되기 때문에 꾸준히 브랜딩을 위한 업무를 쌓아갈 수 있다. 단점이 있다면 아이템 선정에 어려움이 있다는 점이 있겠다.

RA(Retail Arbitrage)
소매 차익 거래

RA는 풀어 말하면 소매 차익 거래다. 쉽게 말하면 아마존에서 이미 다른 셀러가 판매하고 있는 상품을 나도 판매하는 것이다. 보통 이를 'Sell yours'라고 한다.

예를 들어 누군가 예쁜 거울을 팔고 있는데, 나도 팔고 싶어서 제조사나 유통사를 뒤져보니 같은 상품을 더 싸게 혹은 비슷하게 공급해줄 수 있다고 하면, Sell yours로 누군가 이미 사진과 상세 설명을 해놓은 리스팅에 그대로 판매를 시작할 수 있다. 말로만 들어보면 남의 밥상에 숟가락만 얹는 격으로 보일 수 있지만 실제로 아마존에서도 허용하는 판매 방법이다.

하지만 이러한 RA 방식을 추천하지 않는 이유는 해당 판매자의 상품이 법적으로 보호를 받고 있다면 대부분은 아마존 셀러 계정이 정지당하는 것으로 끝나지만 최악의 경우 법적 제재를 당하게 될 수도 있다. RA를 하다가 리스팅이나 계정이 정지를 당한 사례는 굉장히 많다. 첫 상품을 RA로 판매해보려고 아마존 창고에 이미 다 준비시켜놨는데 팔지도 못하고 정지돼버리면 큰 손실이고, 문제없이 판매를 시작했더라도 예고 없이 계정이 정지되는 불상사가 일어날 수 있다. 또한 최초 셀러와 가격 하향 등 무한 경쟁을 해야 하는 피로감뿐만 아니라 RA는 한 상품에 몇 명이고 붙을 수 있기 때문에 처음엔 최초 셀러와의 경쟁만 있다가도 어느새 4~5명이서 경쟁하기도 하는 등 매우 불안정하다.

필자도 한때는 RA도 병행할 생각이 있어서 여러모로 알아본 적이 있다. PL을 하고 있던 필자는 RA를 시도했다가 계정이 정지될까 봐 걱정이 되어 아마존에 직접 문의해보니 '당신의 생각보다 그렇게 제재가 심하지 않다. 어렵게 생각하지 말고 시도해보라'라는 답변을 받은 적이 있다. 하지만 커뮤니티나 온라인 게시글에서 아마존 셀러 계정 정지를 당한 셀러들의 글을 보면 도저히 시도할 수가 없어 포기한 기억이 있다.

높은 위험성에도 불구하고 아마존 셀러들이 RA를 계속하는 이유는 무엇일까? 바로 '상품 선정' 때문이다. 아마존뿐만 아니라 모든 온라인 셀러들의 가장 큰 고민거리이자 골칫덩이는 역시 상품 선정이다. 어떤 아이템을 파느냐에 따라 온라인 셀링에 성공할 수도, 실패할 수도 있다. 상품 선정에 지치고 매출이 적어도 안전하게 검증된 품목을 팔고자 하는 셀러들이 많이 시도하는 방식이지만 결국에는 경쟁에서 밀리거나 정지를 당하는 등 꾸준한 매출을 낼 수 없다. 따라서 독자들은 위험을 감수하기보다는 상품 선정에 조금 어려움을 겪더라도 내 브랜드 마크가 붙은 양질의 상품을 한 품목 두 품목 늘려가면서 브랜드로 자리 잡길 바란다.

팔기 좋은 아이템 & 팔기 어려운 아이템

많은 업무를 대행해주는 FBA를 택한 대신, 우리는 판매 수수료 외에도 FBA 수수료를 지불해야만 한다. 아마존 시장에서 통할 합리적인 판매 가격을 책정하고, 수수료를 제외한 적절한 이윤이 떨어지기 위해서는 원가를 최우선으로 삼아야 한다. 아무리 제품이 마음에 들고 잘 팔릴 것 같다 하더라도 수수료와 원가를 계산해봤을 때 이익이 나오지 않는다면 과감히 포기해야 할 때도 있을 것이다. 혹자는 제품이 너무 마음에 들어서 놓치고 싶지 않은데 이윤이 적다면 판매가를 올리면 되지 않냐고 생각할 수도 있다.

하지만 아무리 아마존의 이용자 수가 많고 대부분의 잠재 고객이 경제 강국의 시민들이라 한들 가격이 합리적이지 않다면 판매되지 않는다. 필자 또한 경험한 부분이다. 너무 괜찮아 보이는 원가가 비싼 품목을 시장가보다 비싸게 시작해 본 적이 있는데 결국은 판매량이 나오지 않아서 판매가 이루어지는 가격대까지 내릴 수밖에 없었고, 이윤이 굉장히 적어 지속하기 어렵다 판단하여 세일로 재고를 털고 판매 중지를 한 제품도 있다. 물론 필자와 다르게 잘 되는 품목이 있을 수 있다. 하지만 성공할 확률보다 실패할 확률이 높기 때문에 추후 아마존에 대해서 충분히 이해하고 난 뒤 도전해보길 추천한다.

그렇다면 아마존 FBA로 판매하기 좋은 아이템은 무엇이 있을까? 온라인 셀러에게 가장 중요한 아이템 선정에서 아쉽지만 필자가 '어떤 제품을 팔아봐'라고 딱 짚어 말해줄 수는 없다. 필자뿐만이 아니다. 그 어떤 누구도 딱 짚어서 '이 제품이 잘 팔립니다. 이거 파세요.'라고 할 수는 없다. 성공할 아이템을 신처럼 골라낼 수 있다면 본인이 팔아 부자가 되지 않겠는가? 혹여나 누구라도 돈을 받고 아이템을 골라준다고 하면 속지 말자. 외부 아마존 툴을 이용한 간단한 검색으로 찾아내는 것들일 것이다. 필자 또한 성공한 아이템이 있고 실패한 아이템이 있다. 단지 필자가 생각했을 때 멋져 보이는 제품을 팔아보기도 했었고, 해보고자 하는 품목의 베스트셀러와 비슷한 제품을 팔아보기도 했었고, 제조사와 협의하여 직접 간단하게 디자인하여 판매한 적도 있었다.

독자들은 대박 아이템 하나를 찾아 성공하는 운을 바라는 게 아닌, 어느 정도 잘 팔리는 아이템 여러 개를 계속하여 추가해 지속 가능하고 안정적인 수입을 만들어 나가야 한다. 그 과정에서 실패 아이템이 있을 수밖에 없다. 결국 선택은 본인이 해야겠지만 필자가 겪은 경험을 토대로 독자들의 선택지를 최대한 줄여주려고 한다. 어떤 방식이라도 좋지만 첫 아이템은 최대한 필자의 가이드에서 크게 벗어나지 않은 아이템을 시도해보길 바란다. 그래서 아이템 선정, 제조사 협의, 결제, 배송, 미국 아마존 창고 입고, 광고, 판매 순의 한 사이클을 겪어나가며 성공 가능성이 있는 아이템을 찾는 눈을 키우는 방법밖에는 없다.

이제 팔기 좋은 아이템의 조건에 대해서 알아보려고 한다. 막연히 무엇을 팔까 고민하면 쉽게 생각나지 않는다. 아래 필자가 생각하는 팔기 좋은 아이템의 몇 가지 기준을 읽어보고 생각나는 대로 노트 혹은 PC의 문서 프로그램에 써 내려가보길 바란다.

1. 부피가 작고 가벼운 아이템

앞서 설명했듯이 아마존 FBA 수수료는 창고 이용료뿐만 아니라 핸들링 비용(아마존 창고 직원들의 물건 입고, 출고, 포장, 발송, 반품 업무 등)이 포함되어 있기 때문에 제품의 부피와 무게가 직접적인 영향을 준다. 또한 부피가 크고 무겁다면 중국과 미국 간 해상 운송비가 크게 증가하고 이윤이 대폭 줄어들 것이다. 어떠한 카테고리든 크고 무거운 것은 피하길 바란다. 부피가 크지 않고 무겁지 않은 제품이 어느 정도일지 감이 안 온다면 원가 계산 파트를 통해 진입하여도 괜찮을지 미리 알아볼 것이기 때문에 직접 계산해보고 결정하면 된다.

2. 아마존에서 판매 중이지 않은 것

추후에 알리바바를 통해 본인의 상품을 물색할 때 알게 되겠지만, 이미 많은 사람들이 알리바바를 통해 제품을 소싱하여 아마존에서 판매하고 있나. 그래서 동일한 제품을 종종 보게 될 텐데, 아무리 그 제품이 마음에 들어도 이미 아마존에서 판매 중인 것보다는 아마존에 없는 새로운 제품으로 도전하길 추천한다. 동일한 제품을 RA가 아닌 PL로 판매해도 되지만 이미 자리 잡은 셀러에게 밀려 판매가 저조할 확률이 높다.

아마존닷컴에 들어가 본인이 판매하고자 하는 물품을 영어사전에서 찾아 검색해보자. 보통 해당 키워드에 대한 제품들이 7페이지까지 표시가 되는데 한 번씩 어떤 제품들이 판매 중에 있는지 살펴보길 바란다. 미리 살펴본다면 추후 설명할 알리바바에서 아이템을 선정하기가 조금 더 수월하다. 예를 들어 꽃병을 팔고자 마음먹고 알리바바에서 마음에 드는 꽃병을 발견했는데 똑같은 꽃병이 이미 아마존에서 판매 중이라면 다른 꽃병을 골라야 하는 것이다.

3. 좋아하고 관심 있는 아이템

본인이 좋아하고 잘 아는 상품이면 좋다. 아무래도 좋아하는 아이템이다 보니 해당 아이템에 대한 이해도가 높겠고 상품을 찾는 것과 사진을 찍고 리스팅에 대한 설명을 작성할 때도 전문성을 녹일 수 있기 때문에 도움이 될 것이다. 좋아하는 아이템을 해외에서 직구해본 적이 있다거나 구매처를 많이 알고 있다면 금상첨화이다. 알리바바 제품들과 비교해볼 수도 있고 해당 업체의 제품 퀄리티를 잘 알고 있을 것이기 때문이다. 품질과 가격이 좋다면 꼭 알리바바를 이용할 필요는 없다.

4. 팔아보고 싶은 아이템

예전부터 이런 거 한번 팔아보고 싶었다거나 최근에 쇼핑을 했는데 정말 괜찮은 제품이 있었다면 노트에 전부 적어보도록 하자. 의외로 시장성이 괜찮은 제품이 있을 수도 있다.

5. 아마존에서 찾아보기

1~4번까지 생각나는 제품이 없다면 아마존에서 한번 살펴보자. 아마존닷컴에 접속한다.

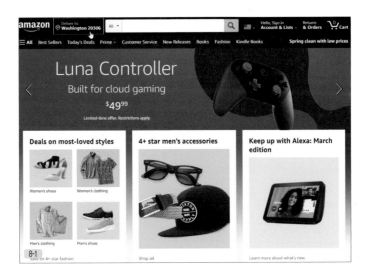

먼저, 마우스 커서에 위치해놓은 부분을 클릭한 뒤 미국 우편번호를 입력하여 주소지를 미국으로 바꿔준다. 한국에서 아마존에 접속 시 주소지를 자동으로 한국으로 인식하고 한국 배송이 가능한 상품들만 보여줄 수 있기 때문에, 북미를 타깃팅으로 할 셀러는 북미에 판매 중인 아이템을 봐야 한다. 어느 주소지를 입력해도 상관없다. 필자와 같이 워싱턴(20306)을 입력해줘도 좋다.

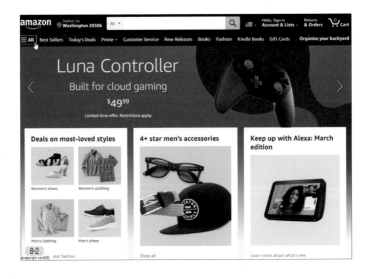

사이트의 좌측 상단에 위치한 ALL을 클릭한다.

스크롤을 아래로 내려서 Shop By Department 부분에서 See All을 클릭한다.

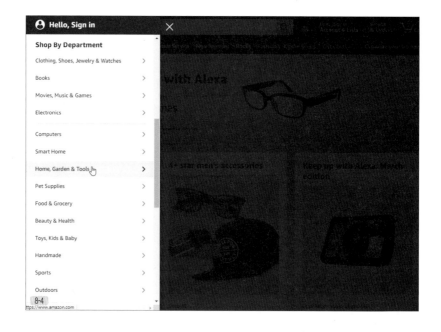

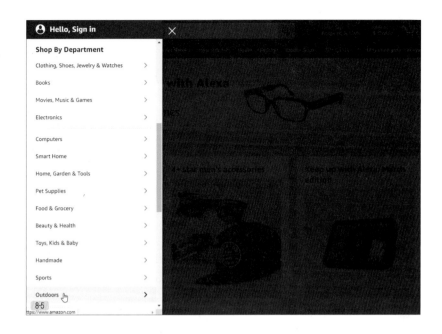

그럼 이와 같이 아마존의 전체 카테고리가 표시된다. 초보자에게 적합하고 소싱이 비교적 어렵지 않은 카테고리는 Home, Garden & Tools 그리고 Outdoors 정도이다.

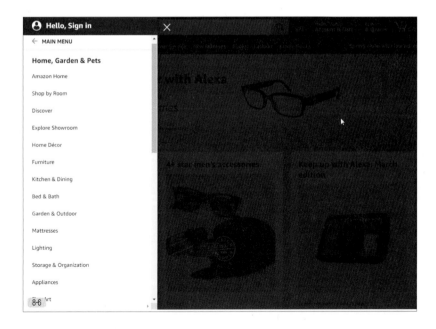

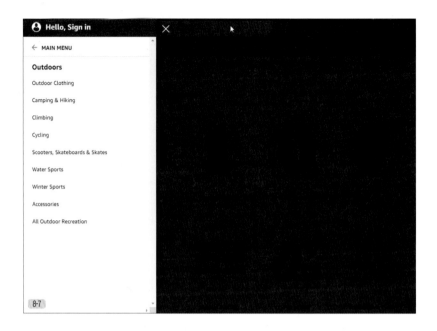

이와 같이 Home, Garden & Tools와 Outdoors 카테고리에도 많은 하위 카테고리들이 있다. 한 번씩 살펴보고 1~4번의 조건에 크게 어긋나지 않고 관심이 가는 제품을 노트에 적어보자. 여유가 있다면 위 2가지의 카테고리 외에 다른 카테고리 또한 살펴보아도 좋다.

팔고자 하는 제품을 몇 개 적어나갔다면 이제는 선택지를 좁혀줄 차례다. 팔기 어렵거나 까다로운 조건 몇 가지를 소개하고자 한다.

1. 전자제품

배터리를 사용하거나 코드를 꽂아 사용하는 전자제품은 피하길 바란다. 배터리를 쓰는 제품 같은 경우 폭발 등 안전성에 대한 서류를 제출해야 할 가능성이 높아 업무가 가중된다. 또한 전자제품은 오작동이나 A/S 부분에 있어서 아마존일지라도 해결을 해줄 수 없다. 중국 제조사에 교환하자니 물류비가 더 발생되기 때문에 버리는 돈이 되기 십상이다. 또한 코드가 필요한 전자제품의 경우 220V를 사용하는 중국과 달리 미국은 110V를 사용하기 때문에 호환성을 잘 갖춰 생산해 줄지도 미지수이다. 이렇듯 여러 변수가 존재하기 때문에 전자제품은 가급적 피하도록 하자.

2. 유아용품

유아용품도 대체적으로 전자제품과 마찬가지로 안정성에 대한 서류 등 복잡한 절차가 기다리고 있다. 필자가 지켜본 바로는 아마존이 유아 용품에 대해서 굉장히 엄격하다. 어느 제품이건 인체에 해가 간다면 문제가 되겠지만 성인보다 취약하고 예민한 아기들 문제는 또 다를 것이다. 아마존에서 유아에게 유해한 제품을 판매하고 있다는 기사가 터진다면 아무리 아마존일지라도 타격이 있을 것이다. 또한 중요한 점은 유아용품은 경쟁이 치열하다. 대부분이 엄격한 아마존의 기준을 통과한 제조사나 전문 브랜드가 많으니 유아용품 쪽은 피하도록 하자.

3. 식품

식품이나 건강기능식품 또한 미국 FDA 승인을 받아야 하는 등 복잡하기 매한가지다. 또한 식품은 유통기한이 존재하고, 인체에 직접적인 영향을 주기 때문에 소비자가 배탈 등 신체 이상 반응을 주장한다면 일반 제품처럼 반품, 교환으로 끝나는 것이 아니라 심하면 법적 문제에 휘말리거나 아마존에게 큰 페널티를 받을 수 있기 때문에 직접 제조하는 제조사가 아닐 경우에는 추천하지 않는다.

4. 브랜드 제품

아마존에는 일반 셀러뿐만 아니라 대기업부터 소기업까지 다양한 브랜드가 입점하여 판매 중인 곳이다. 해당 브랜드의 허가 없이 아마존에서 그 브랜드의 제품을 판매하는 것은 허용되지 않는다. 국내에 있는 오픈마켓에서 자주 볼 수 있는 해외 구매대행을 반대로 한국 브랜드의 제품을 허가 없이 아마존에 리스팅하여 판매해서도 안 된다. 생각보다 많은 한국 기업들이 아마존에 입점해 있고, 입점이 안 되어 있더라도 언제 진입해도 이상하지 않을 정도로 국내 기업들이 아마존을 통해 판매하는 경우가 늘고 있기 때문에 문제에 휘말릴 수 있다.

위에 해당되는 제품은 리스트에서 지워주도록 하자. 그럼 이제부터 아마존을 이용하여 내가 팔고자 하는 제품이 진입할 만한지 알아보겠다. 경쟁이 너무 치열한 제품은 아무리 좋은 제품을 예쁘게 사진 찍어 팔아도 노출조차 되기 힘들다. 한국과 마찬가지로 판매량과 고객의 클릭율 등을 종합하여 상단에 노출해주는 쇼핑몰의 특성상 판매가 0인 제품을 상단에 노출하여 판매를 이루어내기는 불가능에 가깝다. 수요가 많아 경쟁이 치열할 경우 이는 더 심할 것이다. 노출이 어려운 환경에서도 상단에 노출할 수 있는 방법이 있는데 그것은 아마존 내부 광고를 이용하는 것이다. 하지만 경쟁이 심한 제품, 키워드일수록 광고 단가가 높아서 판매도 못해보고 적자만 잔뜩 나는 상황이 발생할 수 있다.

제품에 자신 있고 초기에 적자를 감수할 정도로 자본이 있는 기업 같은 경우에는 내부 광고도 도전해 볼 만하다. 수요가 많고 경쟁이 심한 만큼 상단에 노출된다면 엄청난 매출을 낼 수 있을 것이다. 하지만 우리와 같은 개인 셀러는 수요가 막대하진 않지만 꾸준한 판매가 일어나는 제품을 찾아야 한다. 초보자도 판매가 가능한 수요량의 제품을 통해 실제로 매출을 일으키고, 제품을 지속적으로 늘려서 매출을 상승시켜야 한다. 수요가 적은 제품마저도 아마존에서 성공시키기란 쉽지 않다는 걸 명심하고 대박 아이템 찾기는 포기하기를 바란다. 중~저 수요 아이템 중 꾸준한 판매를 일으킬 수 있는 신제품 발굴이 개인 셀러들의 살 길이다.

비교적 경쟁도가 낮은 제품 찾기

필자가 제시한 방법으로 판매하고자 하는 아이템의 리스트가 완성되었다면 이제 본격적으로 소싱을 해볼 차례인데, 그전에 할 일이 있다. 앞서 언급한 적이 있는 경쟁도가 지나치게 치열해서 판매를 이뤄나갈 수 없는 제품들은 피해야 한다. 이 역시도 덧셈 뺄셈처럼 정확하게 답이 정해져 있지 않다. 하지만 꾸준한 상품 판매를 성공해보기도 하고, 실패해보기도 하면서 겪은 필자의 노하우를 알려주려고 한다.

대부분의 아마존 강사들은 Viral launch, Hellium10 등 아마존 외부 툴을 이용하여 상품 찾는 방식을 알려주고는 하는데, 이런 외부 툴은 편리하겠지만 매달 비용을 지불해야 하는 구독제이기 때문에 본격적으로 시작하기도 전부터 지속적인 비용이 발생하여 부담이 될 수 있다. 많은 툴을 사용해본 필자의 경험으로는 첫 상품부터 툴을 사용할 필요가 없다고 생각하여 필자 개인 생각과 노하우만으로 설명해보려고 한다.

툴을 사용한다고 하여 잘 팔리는 아이템을 무조건적으로 찾아낼 수는 없다. 반대로 말하면 툴 없이도 잘 팔리는 아이템을 찾을 수도 있다. 또한 아마존 툴은 비싼 만큼 다양한 기능이 있는

데 초보자가 그 기능들을 활용할 수 있을 리 만무하다. 대부분의 다양한 기능들은 이미 판매 중인 판매자에게 도움이 되는 기능들이 대거 포함되어 있기 때문에 툴은 아마존에 대해 이해도가 충분할 때 시도해보길 바란다.

필자가 상품 선택에 있어 어느 정도의 조건을 제시하겠지만 100% 동일하게 찾아낼 필요는 없다. 상품의 디자인과 품질이 좋다는 가정하에(원가는 당연히 낮아야 한다) 경쟁도가 조금 높아도 상관없다. 유연하게 선택해보길 바란다.

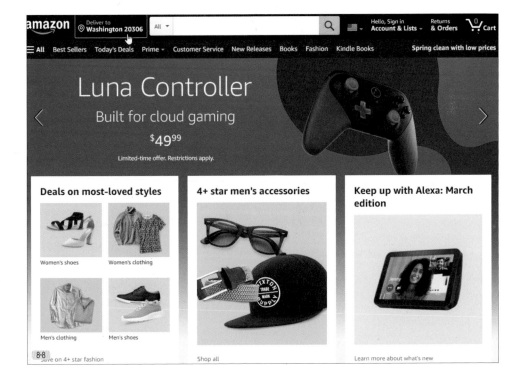

아마존에 접속하여 미국 주소지로 세팅해주고 본인의 리스트에 있는 제품을 영어로 검색해보자.

필자는 예시로 머그컵(Mug)을 검색해보았다.

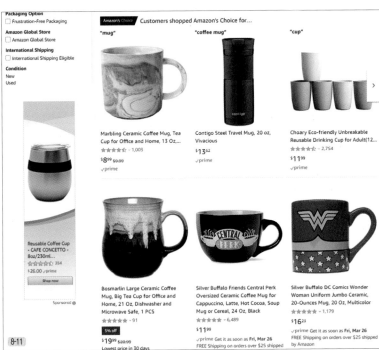

Amazon's Choice Customers shopped Amazon's Choice for...

"mug" "coffee mug" "cup"

Marbling Ceramic Coffee Mug, Tea Cup for Office and Home, 13 Oz,...
★★★★☆ - 1,003
$8⁹⁹ $9.99
✓prime

Contigo Steel Travel Mug, 20 oz, Vivacious
$13⁶²
✓prime

Choary Eco-friendly Unbreakable Reusable Drinking Cup for Adult(12...
★★★★☆ - 2,754
$11⁹⁹
✓prime

Bosmarlin Large Ceramic Coffee Mug, Big Tea Cup for Office and Home, 21 Oz, Dishwasher and Microwave Safe, 1 PCS
★★★★★ - 91
5% off
$19⁹⁹ $20.99
Lowest price in 30 days

Silver Buffalo Friends Central Perk Oversized Ceramic Coffee Mug for Cappuccino, Latte, Hot Cocoa, Soup Mug or Cereal, 24 Oz, Black
★★★★★ - 6,489
$11⁹⁹
✓prime Get it as soon as Fri, Mar 26
FREE Shipping on orders over $25 shipped

Silver Buffalo DC Comics Wonder Woman Uniform Jumbo Ceramic, 20-Ounces Mug, 20 Oz, Multicolor
★★★★★ - 1,179
$16²³
✓prime Get it as soon as Fri, Mar 26
FREE Shipping on orders over $25 shipped by Amazon

Reusable Coffee Cup
- CAFE CONCETTO -
8oz/230ml...
★★★★☆ 354
$26.00 ✓prime
Shop now
Sponsored ⓘ

8-11

12 oz. Coffee Mug Set, Great for Coffee, Tea and Cappuccino. Includes 4 Assorted Color Ceramic Mugs with Saucers and Spoons by - BUREN...
★★★★★ - 3
$28⁵⁰ ($7.13/Item) $38.50
✓prime Get it as soon as Fri, Mar 26
FREE Shipping by Amazon

Bosmarlin Large Ceramic Coffee Mug, Big Tea Cup for Office and Home, 21 Oz, Dishwasher and Microwave Safe, 1 PCS... (Blue)
★★★★★ - 866
$15⁹⁹ $18.99
✓prime Get it as soon as Fri, Mar 26
FREE Shipping on orders over $25 shipped by Amazon
More Buying Choices
$14.71 (3 used & new offers)

Silver Buffalo Star Wars The Mandalorian Protect Attack Snack Ceramic Coffee Mug for Cappuccino, Latte or Hot Tea, 20 Oz, Blue
★★★★★ - 2,094
$12⁰⁰ $13.99
✓prime Get it as soon as Fri, Mar 26
FREE Shipping on orders over $25 shipped by Amazon
More Buying Choices
$4.50 (26 used & new offers)

Best Seller

PG Moscow Mule Mugs | Large Size 19 ounces | Set of 4 Hammered Cups | Stainless Steel Lining | Pure Copper Plating | Gold Brass Handles | 3.7...
★★★★★ - 1,740
$24⁹⁹ $27.99
✓prime Get it as soon as Fri, Mar 26

Hand Painted 15 oz. Porcelain Ceramic Mugs. Service for 4.
★★★★★ - 11
$29⁹⁸
✓prime Get it as soon as Fri, Mar 26
FREE Shipping by Amazon

+18 colors/patterns
YETI Rambler 14 oz Mug, Stainless Steel, Vacuum Insulated with Standard Lid
★★★★★ - 48,861
$24⁹⁹

Reusable Coffee Cup
- CAFE CONCETTO -
8oz/230ml...
★★★★☆ 354
$26.00 ✓prime

8-12

검색 결과 1페이지의 일부를 가져와보았다. 리뷰 수가 많으면 8만 개에서 수천 개까지 다양하다. 온라인 쇼핑을 많이 해본 독자들은 알겠지만 대부분의 고객은 리뷰를 잘 남기지 않는다. 구매자 5명 중 1명이 리뷰를 작성한다고 가정했을 때, 8만 5천 개의 리뷰가 있는 제품의 예상 구매자는 42만 명이다. 실제로는 그 이상일 것이다. 나중에 독자들도 경험하겠지만 판매 초기에는 구매자 수에 대비해서 리뷰 작성량이 굉장히 적은 편이다. 엄청난 판매고를 올렸다고 볼 수 있는데, 이는 이 제품 키워드의 터줏대감 격으로 경쟁하기 굉장히 힘든 상대가 될 것이다. 그 외 천 개 대 리뷰 제품들도 정말 많은 판매를 이뤄낸 제품으로 이제 막 시작한다면 저 상품들을 밀어내고 1페이지로 내 상품이 올라갈 확률은 극히 낮다고 보면 된다.

대부분의 아이템들이 1페이지에 올라가는 순간부터는 광고비를 거의 투입하지 않아도 꾸준한 판매가 이루어진다.

광고비가 낮다는 얘기는 원가가 낮아진다는 얘기이고 이윤이 증가한다는 뜻이다. 또한 굴곡이 최대한 없이 꾸준한 판매를 내기 위해서 본인 상품의 키워드에 1페이지에 노출되는 것을 목표로 삼아야 한다.

검색 시 노출 순서는 앞서 설명했던 것처럼 판매량과 고객의 상품 클릭율을 종합하여 상위 노출을 해주기 때문에 이와 같이 상위 셀러들이 많은 제품은 피해주는 게 좋다. 그렇다고 리뷰가 너무 적거나 없다시피 한 제품은 수요량 자체가 적은 제품일 수 있기 때문에 역시 피해주길 바란다. 필자는 어떤 키워드를 검색했을 때 첫 페이지에 리뷰를 1,000개 이상 가지고 있는 셀러가 없는 제품을 추천한다. 또한 주로 100~300개 정도의 리뷰를 가지고 있는 셀러들이 포진되어 있는 아이템은 신규 판매자가 진입하기 어렵지 않다고 본다. 본인의 리스트를 검색해서 조건에 맞거나 크게 벗어나지 않는 아이템을 찾아보자. 조건에 맞는 아이템을 찾지 못했다면 며칠 여유를 가지고 일상, 인터넷 쇼핑, 잡지 등을 통해 영감을 받거나 생각해보고 책 위로 다시 돌아가 처음부터 목록을 작성해보도록 하자. 그리고 이번에는 필자가 제시한 조건을 조금 더 넓혀서 경쟁이 좀 더 심하거나, 더 적은 제품이라도 찾아보자.

알리바바를 이용하여 제조사 찾기

판매할 제품을 골랐다면 이제는 제조사를 찾아야 한다. 알리바바에서 검색하면 정말 많은 상품과 제조사가 나오지만 아무 곳이나 골라서는 안 된다. 아무리 대기업인 알리바바라 하더라도 각각의 제조사를 하나하나 관리할 수 없는 부분이라 아무 제조사나 막 골랐다가 피해를 보기 십상이다. 필자는 대량 주문은 아니었지만 샘플 주문에서 피해를 본 적이 있다. 어느 제품을 커스텀해서 샘플을 요청했는데 불량 제품을 보내준 것이다. 불량 상품을 보내줄 경우 이 제품이 정말 괜찮은 제품인지 판단할 수 없으며, 대량 주문을 했을 때는 제대로 생산해줄지도 미지수이기 때문에 제조사를 신뢰할 수 없었다. 필자는 불량 상품을 보낸 것에 대한 환불을 요청했다.

하지만 불량 상품에 대해서도 환불을 거절하는 진상 제조사였고, 알리바바에 정식 이의 제기를 하는 등 감정과 시간을 쓸데없이 소비한 적이 있다. 대량 주문을 했을 때도 이와 같은 불량을 제조하여 아마존에 보내버린다면 그야말로 대 참사가 일어날 수 있다. 아이템이 그대로 판매가 된다면 고객들의 불만이 터져 나올 것이고, 아마존에서 강력한 경고 조치 혹은 즉각 계정 정지 등을 당할 뿐만 아니라 시간과 금전적 손실이 클 것이다. 그렇기 때문에 아이템의 제조사를 찾을 때 최대한 필터링을 하고 시작해야 이러한 피해를 최소화할 수 있다. 알리바바에 접속하여 확인해보자.

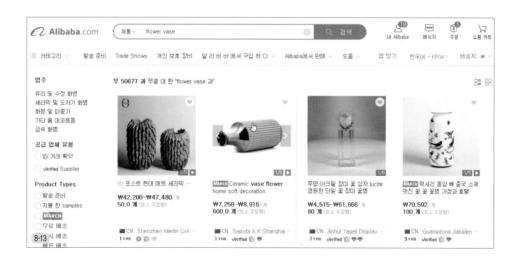

필자는 예시로 꽃병(flower vase)을 검색해보았다.

이 상품을 예시로 들어 설명하고자 한다. 먼저 MARCH 라고 되어 있는 부분은 알리바바에서는 여타 다른 쇼핑몰들과 마찬가지로 이따금씩 행사를 하곤 하는데, 그러한 행사에 참여한 아이템일 경우 표시되는 것이다. 행사의 이름에 따라 MARCH가 아닌 다른 행사 이름이 붙을 수 있다.

MARCH 옆에는 판매자가 영문으로 등록한 상품명이다. 그 밑에는 제품 단가와 최소 주문량이 표시되어 있으나 저 가격과 최소 주문량은 협의하여 조정할 것이니 이 정도구나 하고 확인만 하고 넘어가면 된다. 그 밑에 중국 국기와 CN은 중국 업체라는 표시다. 바로 옆에는 판매자의 회사명을 나타낸다.

마지막 줄 1YRS는 판매자의 알리바바 경력을 나타낸다. 위 판매자는 알리바바에서 판매를 한 지 1년 된 신생 기업이라고 볼 수 있다.

1YRS 옆에 Verified(확인된)는 매우 중요한 부분이다. 바로 알리바바에서 정상적인 업체라고 확인이 된 업체를 표시한다. 알리바바에서 정확히 어떠한 방식으로 Verified 자격을 부여하는 지는 알 수 없으나, 최소한 회사의 모습을 갖추고 정상적인 업무가 가능한 곳으로 파악하면 된다. 알리바바를 살펴보다 보면 Verified가 되어 있지 않은 판매자도 심심치 않게 볼 수 있는

데, 이런 판매자들은 걸러주길 바란다. 앞서 설명했듯 괜한 말썽과 피해를 최소화하기 위해 첫 시작부터 조심하는 것이 좋다.

Verified 옆에 $ 마크도 굉장히 중요한 부분이다. 바로 Trade Assurance(거래 확약)을 지원해 준다는 뜻인데, 상품에 대한 대금 결제를 알리바바를 통해서 결제할 수 있다는 뜻이다. 안전 결제라고 생각하면 된다. 알리바바를 통해 물건값을 결제하면, 알리바바가 거래금을 중간에서 홀딩하고 있다가 배송이 완료되고 구매자가 구매 확정을 해야 정산금이 제조사에게 지급된다. Trade Assurance를 이용하는 경우 우선 사기를 당할 일이 없어진다. 물건이 제대로 도착하지 않았거나 불량인 경우 즉각 이의를 제기할 수 있고 제조사는 결제를 받지 못하게 된다. 비록 3% 미만의 Trade Assurance 수수료가 있으나 안전을 위해 꼭 Trade Assurance 거래가 가능한 업체를 선택하길 바란다.

혹자는 정말 마음에 드는 아이템을 찾았는데 Verified 업체가 아니거나 Trade Assurance를 지원하지 않아 고민할 수도 있는데 생각보다 많은 아이템을 다른 업체에서도 판매하는 경우가 있으니 추후 설명할 RFQ를 통해 다른 업체를 찾는 방법을 살펴보도록 하자. 이제 저 상품을 파는 업체가 어떤 회사인지 살펴보겠다.

상품을 클릭하고 상세 페이지로 들어오면 더 많은 사진과 상세 설명을 확인할 수 있다.

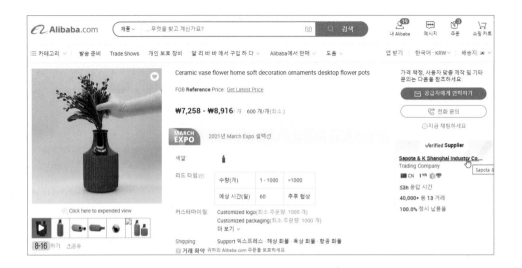

이 회사의 정보를 알고 싶은 경우, 사진상 마우스 커서를 위치해놓은 우측 중앙에 있는 회사명을 클릭해준다.

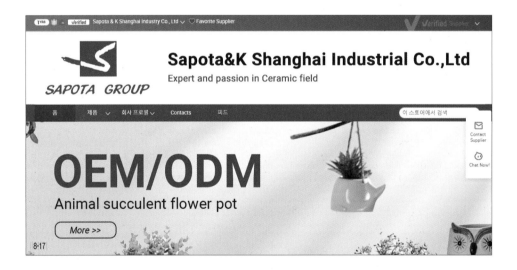

그럼 이와 같이 해당 업체 홈페이지가 나오고 여기서는 이 회사가 다루는 모든 제품 또한 확인이 가능하다.

회사 정보를 확인하기 위해 회사 프로필 → 회사 개요를 클릭한다.

회사 개요 페이지로 넘어와서 스크롤을 아래로 조금 내려보면 이와 같이 이 회사의 정보를 확인할 수 있다. 여기서 눈여겨봐야 할 점은 바로 Business Type이다. 위 회사는 Business Type이 무역 회사로 되어 있는데, 이는 직접 공장에서 제조를 하여 판매를 하는 회사가 아닌 단순 유통회사를 뜻한다. 다른 중국 내 제조사에서 물건을 사 와 알리바바에서 리셀을 한다는 개념으로 보면 된다. 이럴 경우 제조사를 통해 직접 구매를 하는 것이 아니기 때문에 유통사의 마진이 붙어 가격 거품이 형성되어 있다고 판단되므로 이 회사는 고르지 않길 바란다. 그럼 flower vase를 검색했을 때 같이 검색되는 다른 상품을 살펴보자.

위 상품의 회사는 어떤 곳인지 한번 확인해보자.

마찬가지로 회사 페이지에서 회사 프로필 → 회사 개요로 넘어와보았다. 이 회사의 경우는 첫 번째 예시 회사와 다르게 Business Type이 제조 업체인 것을 확인할 수 있다. 이는 직접 제품을 제조하여 판매하고 있다는 의미이고 가격 경쟁력이 무역 회사보다 나을 가능성이 큼을 뜻한다. 또한 무역 회사의 경우 본인들이 사입하는 가격이 있어서 낮은 가격으로의 협의가 어렵겠지만 제조사는 자신들이 직접 제조하여 판매하기에 협상이 보다 수월하다. 첫 구매에서는 해당되지 않겠지만, 아마존에서 꾸준한 판매가 일어난다면 주문 물량을 늘리며 가격 할인을 요청한다면 협의에 응할 가능성 또한 매우 높다. 이러한 이유로 무역 회사가 아닌 제조 업체를 선택하길 바란다.

상품 고르기

제조사 고르는 법을 알아봤으니 이제 상품을 골라볼 차례다. 찾아보기 전에 미국 소비자의 취향을 어느 정도 알고 시작하는 것이 도움이 된다. 제품의 디자인 정도만 확인해보도록 하자. 디자인은 아마존닷컴에서 내가 판매하고자 하는 아이템의 키워드를 검색했을 때 잘 팔리고 있는 아이템의 디자인과 가격을 한번 확인해보면 된다.

가격을 확인할 때 해당 제품의 사이즈도 같이 확인해보자. 본인이 판매하고자 하는 아이템의 사이즈와 큰 차이가 없다면 판매 가격을 비슷하게 맞추거나 조금 더 낮게 책정해주면 되고, 사이즈가 크거나 작다면 그에 따라 가격을 조절해주면 좋다. 아마존닷컴에서 보게 될 제품 디자인들이 한국인의 취향과는 다를 수도 있지만 정서와 문화가 다른 만큼 시각도 다르다. 쭉 훑어보고 북미에서는 이런 디자인을 선호하는구나라고만 이해하고 눈에 띄는 제품들을 기억해두자.

그럼 이전과 같이 검색창에 내가 판매해보고자 하는 상품의 키워드를 입력하고 검색해보자. 필자는 똑같이 flower vase로 예시를 들어보겠다.

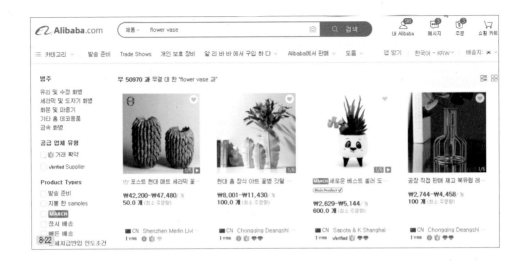

검색을 하면 키워드에 따라 다르겠지만 정말 무수히 많은 상품들이 검색된다. 상품이 많은 만큼 시간이 다소 소요되겠지만 그렇다고 아무 아이템이나 팔 수는 없으니, 본인의 마음에도 들고 미국 소비자에게도 반응이 괜찮을 것 같은 아이템을 찾을 때까지 둘러보자.

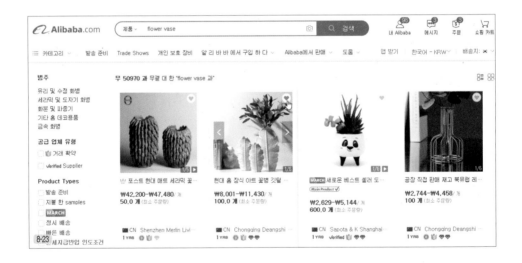

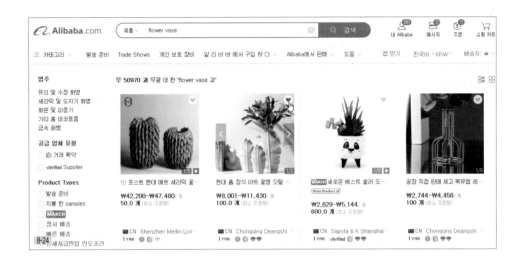

훑어보다가 마음에 드는 상품을 발견한다면 제품 사진 우측 상단에 있는 하트 표시를 눌러주자. 하트를 클릭하면 하트가 빨간색으로 변하면서 관심상품에 등록이 되었다는 뜻이다.

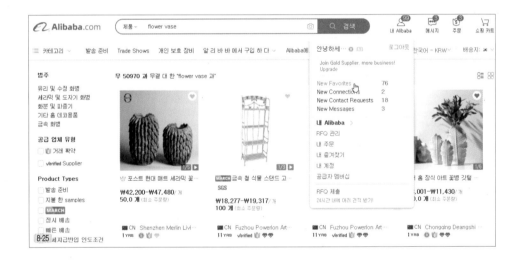

어느 정도 골랐다면, 알리바바 우측 상단 내 Alibaba → New Favorites를 들어가보자.

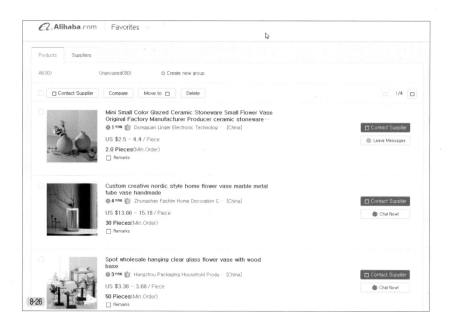

그럼 이렇게 내가 하트 표시한 관심 제품이 모두 표시된다. 그럼 우측 주황색의 Contact Supplier를 클릭하여 판매자에게 문의를 해보도록 하자.

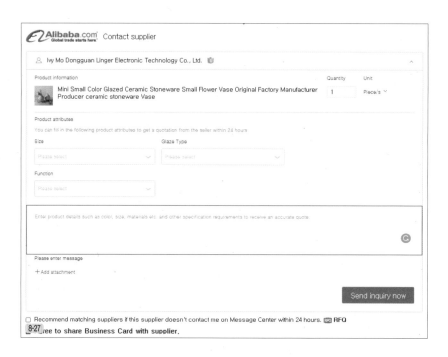

그럼 이와 같이 문의 내용 작성란이 나오는데, 나머지는 무시하고 중앙에 문의 내용만 입력해 주면 된다. 판매자에게 어떤 것을 물어봐야 될까? 게시한 가격보다 더 싸게 줄 수 있냐고 물어 보는 것도 좋지만, 최대한 많은 질문을 한 번에 보내는 것이 좋다. 답변을 기다리며 일일이 대화할 필요 없이 한 번에 모든 대답을 얻을 수 있기 때문이다.

문의를 하다 보면 종종 답을 안 하거나 모든 질문에 응하지 않는 판매자도 만나게 될 것이다. 이런 판매자는 제품이 마음에 들지라도 과감히 걸러주길 바란다. 제품이 포기하고 싶지 않을 정도로 마음에 든다면 후에 설명할 RFQ를 통해 다른 판매자를 찾아보자. 중국 사람과 대면 미팅은 사실상 어렵기 때문에 초기 단계부터 대응이 엉망이면 업무 진척이 느려지는 등 향후 함께 일하기 많이 힘들어지기 때문이다.

문의를 보내기 전에, 판매자에게 요청할 무역조건인 DDP 조건에 대해 먼저 짚고 넘어가겠다.

DDP는 Delivered Duty Paid의 약자이다. Incoterms 2000의 DDP 조건에서는 Incoterms 1990과는 다르게 인도 장소에 도착된 운송 수단으로부터의 양하는 원칙적으로 매수인이 부담한다. DDP조건은 매도인이 지정된 목적지에서 수입 통관을 이행하고 도착된 운송 수단으로부터 양하되지 않는 상태로 물품을 인도하는 것을 뜻한다. 매도인은 적용할 수 있는 경우에는 목적지 국가에서의 수입에 필요한 모든 "관세"(이 용어는 통관 절차를 이행하는 책임 및 위험, 그리고 통관 수수료, 관세, 조세, 기타 비용의 지급을 포함함)를 포함하여 그곳까지의 물품의 운송에 따른 모든 비용 및 위험을 부담하여야 한다. 출처 : [네이버 지식백과] 목적지관세지급인도 [Delivered Duty Paid] (무역용어사전)

즉, "아마존 창고까지 중국 업체에서 운송, 통관 등 처음부터 끝까지 책임지고 보내준다"로 이해하면 된다. 그렇기 때문에 운송비, 관세, 통관비 등 모든 비용이 상품 단가에 포함되어 견적을 받을 수 있기에 편리한 점도 있고(아이템 단가와 배송비를 따로 견적을 주는 업체도 있다) 다른 무역 조건과 다르게 포워더, 관세사 등을 이용하지 않아도 돼서 시간이 절약된다. 간혹 CIF, FOB 등의 조건만 취급하는 업체가 있는데 운송 업체/통관 업체 등과 따로 계약해야 하는 부분이 있어 이는 추후 아마존 사업이 정착하면 그때 시도해보도록 하자.

이제 판매자들에게 문의를 해볼 차례다. 필자가 작성해놓은 알리바바 문의 템플릿에 본인에게 맞게 내용을 채워 넣은 후 관심 상품에 등록해놨던 제품의 모든 판매자에게 문의를 보내보자. 영어가 안 돼서 대화가 어렵다면 향후 모든 커뮤니케이션은 네이버 파파고 번역을 이용해서 담당자와 대화를 해보자. 이 역시 처음에는 번거롭게 느낄 수 있지만 한번 해당 거래처와 거래를 트게 되면 향후 재주문을 할 때는 협의할 내용이 줄어들어 그렇게 많은 대화를 나눌 필요가 없기에 큰 부담을 가지지 않았으면 좋겠다. 영어를 못해도 충분히 할 수 있다. 필자가 제공하는 템플릿을 이용하여 채팅을 주고받을 일을 최소화하고 필요한 정보를 한 번에 받아 시간까지 절약할 수 있으니 제조사와의 첫 대화에서는 템플릿을 꼭 이용해보도록 하자.

해당 템플릿은 일일이 타이핑하기 어려우니 https://github.com/bjpublic/fba에서 다운로드하여 사용하는 것을 추천한다. [ ] 칸에는 본인에게 해당하는 내용을 채워 넣어주면 된다.

Dear [판매자 이름]

My name is [내 이름]. I am an online seller and mainly sell on Amazon. I am interested in one of the items that you sell on Alibaba, the [상품 이름]
→ 본인 소개 및 관심 있는 상품이 있어서 연락함을 알린다.

I would like to know some information before purchasing the product, so I would appreciate it if you could answer the questions below.
→ 구매 전에 알고 싶은 내용에 대한 답변을 요청한다.

❶ Are you offer door to door (DDP) shipping?
→ 무역 조건 DDP로 진행이 가능합니까?

❷ If you can give me a lower price than the price on Alibaba, I would appreciate it if you could let me know the price on the DDP condition. We will continue to order more after the first order.
→ 웹사이트에 올린 가격보다 싸게 제공해줄 수 있다면 DDP 조건으로 가격을 알려주십시오. 추후에는 물량을 늘려 주문할 예정입니다.

— [200]pcs:

— [500]pcs:

→ 수량은 본인이 진행해 보고 싶은 수량을 기재한다.

❸ Are you able to provide custom packaging? Change the box color, company logo and bar-codes on the product boxes.

→ 브랜드화를 위해서 박스에 로고를 프린트하는 등 커스텀이 가능한지, 또 아마존 바코드를 박스에 부착해줄 수 있냐는 질문이다. 앞에서 강조했던 것처럼 장기적인 플랜을 위한 브랜드화를 위해 최소한 로고를 프린트해주는 것이 좋다. 아마존 바코드 부착은 필수 작업이다. 대부분의 알리바바 제조사에서 무료로 라벨링 작업을 해준다.

❹ Is it possible to attach Amazon label to cartons?

→ Carton box에 아마존 직원들이 식별할 라벨을 부착해 줄 수 있냐는 질문이다. 이것도 필수이다. 아마존 FBA 창고로 물건을 보낼 때 상품을 상품 박스에 포장하고, 상품 박스를 여러 개 담을 수 있는 대형 박스(Carton box)에 한번 더 포장한 후 Carton 라벨을 부착해야만 한다.

❺ How long does it take to produce and pack the product?

→ 생산 및 포장 완료 시간 질문이다. 알아두면 첫 주문뿐만 아니라 추가 재고 보충 타이밍을 확인하는 데에도 좋다.

❻ Can you advise us of your shipping methods and estimate costs?

→ 배송 방법 및 예상 비용 질문. 가격적인 부분 때문에 대부분 선박 운송으로 진행한다.

address is [아마존 창고 주소]

Amazon.com Services, Inc.

33333 LBJ FWY

Dallas, TX 75241-7203

US

→ 위 주소는 수많은 아마존 창고 중 하나인 FTW1(미국 중남부 텍사스) 주소이다. 우선 참고용으로 저 주소를 이용해 예상 비용을 받고 나서 나중에 본인의 상품이 배정된 정확한 주소가

나오면 다시 견적을 받도록 하자. 주소는 아마존의 창고 상황에 따라 매번 변경된다.

❼ How many products are in 1 carton?

→ 앞서 설명한 큰 박스(Carton) 하나에 몇 개의 상품이 들어가는지에 대한 질문이다. 이는 아마존에 상품을 보낼 때 먼저 셀러 센트럴 내에서 배송을 생성한 후 발송해야 하는데, 그때 입력해야 한다.

❽ Do you provide samples? Then how much is the sample cost to Korea?

→ 샘플을 보내줄 수 있는지, 샘플비가 얼마인지 묻는 질문. 간혹 샘플을 무료로 제공해주는 제조사도 있지만 항공 특송비를 받는다. 유료로 샘플을 제공하더라도 어차피 사진 촬영을 위해 제품 1개는 필수이기도 히고 제품을 정확히 확인하기 위해 샘플은 무조건 받아보는 것을 추천한다. 대부분 사진과 비슷하지만 직접 받아보았을 경우 다를 때도 있다. 마감이 엉망이거나 직접 보고 만져보니 싼 티가 난다거나 배송 중 파손이 있을 경우 대량 주문은 다시 생각해봐야 한다.

수백 개를 주문하여 미국으로 보냈는데 대부분의 상품이 배송 중 파손을 당해 판매를 할 수 없게 된다면 크나큰 손실이 될 것이다. 가까운 거리인 한국으로도 배송을 엉망으로 보냈다면 미국으로 보낼 때 어떤 일이 일어날지 모른다. 샘플 수령을 제품과 제조사에 대한 테스트로 생각해도 좋다. 제품의 디자인과 품질 그리고 제조사의 대응을 유심히 관찰해보자. 샘플을 받아보았을 때, 배송이나 품질 등은 이상이 없지만 조그마한 디테일 등 자신이 개선하거나 변경하고 싶은 부분이 있으면 요청해보자. 더 높은 성공률을 가져다줄 수도 있다.

Thank you for your time, and if you give me a reply, I will review it as soon as possible and contact you. I look forward to make a good deal with you.

Regards, [내 이름]
→ 마무리 인사말이다.

정말 냉정하게 본인이 이 제품을 돈 주고 사도 만족하겠다 싶은 제품만 진행하자. 조금이라도 제품의 어떤 부분이 마음에 걸리거나 별로라는 생각이 들면 샘플비가 아깝지만 과감하게 패스하길 바란다.

또한 필자는 제품의 품질이 아닌 디자인에 대해서 남들의 의견을 묻지 않을 것을 추천한다. 본인은 굉장히 마음에 들어서 판매해볼까 했지만 주변 사람이 보고 별로라고 할 수도 있고, 그렇다면 당연히 판매는 망설여지게 될 것이다. 그 말이 정답일 수도 있지만 아닐 수도 있다. 필자가 현재 판매 중인 한 아이템 중 지인이 별로라고 했던 품목이 있다. 찝찝한 마음이 들었지만 이미 진행 중에 있기에 판매를 시작할 수밖에 없었다. 그런데 현재 아마존에서의 그 상품 상황은 어떨까? 꾸준히 판매가 일어나고 있으며 필자의 매출에 도움이 되는, 없어서는 안 될 아이템으로 자리 잡았다. 필자가 만약 지인의 말을 듣고 진행을 멈춰버렸다면 큰 손실이 되었을 터이다.

지인에게 아이템을 추천받지도 말고 본인이 정한 아이템에 대해 의견을 물어보지도 말자. 지인이 추천한 아이템이 잘 안될 경우가 생긴다면 그 지인에게 보상을 요청할 수는 없지 않겠는가? 오로지 본인이 선택하고 본인이 그 결과를 확인하고 감당해야 한다. 아마존 전문가라고 하는 사람들이라 할지라도 어떤 아이템이 아마존 시장에서 성공을 거둘 수 있을지 절대로 알지 못한다. 해봐야 아는 것이다. 본인이 아이템을 정했다면 최선을 다해 시도해보자. 다만 품질에 있어서는 엄격해야 한다. 아무리 제품의 디자인이나 성능이 뛰어나더라도 고객이 품질이 좋지 않은 상품을 받는다면 낮은 별점 리뷰와 매출 하락을 피할 수 없을 것이다.

RFQ

RFQ는 Request For Quotation의 약자로 견적을 요청한다는 뜻이다. 구매하고자 하는 제품 사진이나 설명을 담아 RFQ를 작성하면 관련 제조사에게 작성한 RFQ가 전달되고 제조사는 견적을 내어 RFQ에 대한 답을 보내준다. 특정 제품을 찾고자 할 때 이용하거나 앞서 설명했던 방식으로 아마존에서 판매하고자 하는 아이템을 찾았는데 해당 제조사의 가격이 별로이거나, 대응이 별로일 때 이 기능을 사용해도 좋다.

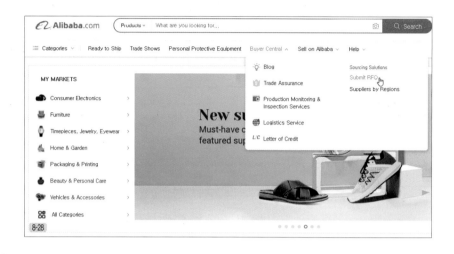

RFQ를 이용하기 위해서는 알리바바 로그인 후 메뉴에서 Buyer Central → Submit RFQ를 클릭한다.

그럼 RFQ 신청서 작성 페이지로 넘어온다. 필요한 정보들을 입력하되 Trade terms는 꼭 DDP로 설정하는 것을 잊지 말도록 하자. 디테일 입력란에는 앞서 판매자에게 제품 문의를 했던 것처럼 바코드와 라벨 부착 작업을 필수로 수행해줘야 하며, 로고 프린트를 한 커스텀 아이템 박스도 진행하고 싶다는 내용 등 필요한 사항들을 미리 밝히는 것도 좋다. 다만 전달하고자 하는 모든 내용을 RFQ에 담았더라도 향후 RFQ를 통해 연결된 제조사와 실질적으로 거래를 하게 되면 다시 한번 정확히 짚고 넘어가야 한다. 구하고자 하는 아이템이 있다면 사진을 첨부하면 더 좋다. 해당 제품을 취급하는 여러 제조사에게서 연락을 받아 견적 비교를 할 수 있기 때문에 용이하다.

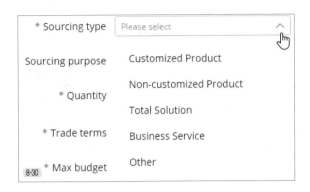

Sourcing type 선택의 경우 아이템의 디자인 등 커스텀을 조금이라도 하고 싶을 시에는 Customized Product를 선택하고, 제조사에서 팔고 있는 그대로 아이템을 소싱해도 괜찮다면 Non-customized Product를 선택하면 된다.

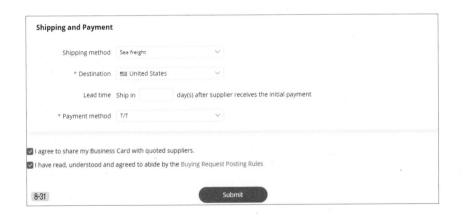

Shipping method는 해상을 이용할 것이므로 Sea freight, Destination(목적지)는 미국으로 설정해주고 하단 Submit을 클릭하면 제출이 완료된다. RFQ를 전달받고 관심이 있는 제조사는 견적을 작성해서 회신하게 된다. 견적은 알리바바에서 My Alibaba → Manage RFQ로 들어가면 제안받은 모든 견적을 확인할 수 있다. 견적이 마음에 들더라도 급하게 계약 및 결제를 진행하지 말고 문의 템플릿의 내용을 충분히 확인한 뒤 진행하도록 하자.

바코드 발급과
간이 리스팅

상품 문의를 해놓고 답변을 기다리는 동안에 해야 할 일이 있다. 정확한 수수료를 계산하기 위해서는 리스팅을 직접 해봐야 한다. 이유는 상품의 카테고리별, 무게와 사이즈별로 판매 수수료와 FBA 수수료가 다르기 때문이다.

그리고 상품 등록을 위해서는 바코드가 필요하다. 여러 가지 바코드의 종류가 있지만 GTIN13(Global Trade item number, 13자리 숫자로 구성된 바코드) 혹은 UPC 바코드(Universal Product Code, 12자리 숫자로 구성된 바코드, GTIN12라고도 한다)를 주로 사용한다. UPC 코드는 상품 관리를 위해 부여하는 바코드의 방식 중 하나로 미국과 캐나다에서는 UPC 바코드를 사용한다고 한다. 상품 등록 후에는 별도의 바코드를 아마존에서 지급해주기 때문에 상품 등록할 때만 이용하면 된다. 바코드를 면제받을 수도 있지만 면제를 받을 경우 아마존 내에서만 사용할 수 있기 때문에 향후 아마존 외부로도 사업을 확장할 가능성을 열어두어 정식 바코드를 구매하는 것을 추천한다.

이전에는 정식 바코드가 아닌 더 저렴한 바코드 업체를 찾아 코드를 구매하고 사용하여도 별다른 제재가 없었지만, 2021년 4월부로 정식 바코드가 아닌 바코드로 리스팅을 할 경우 리스팅을 제거할 수도 있다고 발표했다. 리스팅 삭제는 정말 강력한 제재이므로 독자들은 절대적으로 정식 바코드를 사용하기를 바란다. 정식 바코드는 GS1이라는 해외 사이트를 통하여 얻을 수도 있지만 한국에서는 대한상공회의소를 통해서도 정식 바코드를 얻을 수 있다.

바코드 발급

바코드 구매를 위해 https://www.koreannet.or.kr로 이동하거나, 구글 검색창에 '코리안넷 대한상공회의소 유통물류진흥원'을 검색하여 들어가서 회원 가입을 하면 된다. 코리안넷은 유료 회원제로 운영하고 있으며 안내 사항 및 회비를 간단하게 살펴보겠다.

코리안넷 대한상공회의소 유통물류진흥원

구비서류

① 회원가입신청서 1부
  ※ 코리안넷(http://www.koreannet.or.kr)을 통해 온라인으로 회원가입 신청시 생략
② 사업자등록증 사본 1부 (법인/개인사업자)
③ 매출액 증명서류 1부(택 1)
  - 법인사업자: 표준손익계산서(국세청 발급: 최근 1년분)
  - 개인 일반과세자: 부가가치세과세표준증명(국세청 발급 : 최근 1년분)
  - 개인 면세사업자: 수입금액증명원(국세청 발급:최근 1년분)
  ※ 단, 사업자등록증상의 개업년도가 1년이 안된 업체는 매출액 증명서류 생략

유통표준코드 기초교육 안내

• 신규 회원가입은 기초교육(약 2시간)을 이수하셔야 합니다.
• 유통표준코드 기초교육은 표준바코드 활용에 많은 도움이 됩니다.
• 서울/경기 지역 교육일정: 격주 수요일 오후 3시 교육(공휴일 제외)
• 서울/경기 지역 교육장소: 대한상공회의소 지하 2층 소회의실(장소 변경시 사전 안내)
• 서울/경기 외 지역은 해당 교육기관에서 확인 후 참석하시기 바랍니다.
※ 코리안넷 홈페이지(http://www.koreannet.or.kr) 화면 오른쪽 아래에 "표준바코드 활용 기초교육 동영상"을 시청하셔도 됩니다.

첫 번째는 구비 서류와 교육 안내문이다. 필요한 서류는 회원 가입 신청서, 사업자등록증, 매출액 증명 서류이다. 온라인 가입으로 회원 가입 신청서가 대체되고, 사업자등록증 스캔본이나 사진 그리고 매출액 증명 서류는 홈택스에서 발급받을 수 있다. 유통 표준 코드 기초 교육의 경우 2021년 하반기 현재 코로나 이슈로 인하여 오프라인 교육을 하고 있지 않고 있다. 기초 교육 동영상 강의가 홈페이지에 마련되어 있으니 참고하길 바란다.

회비기준

(단위: 원, 부가세 포함)

등급	업체규모(연간매출액)	입회비	연회비(3년 기준)	합계
1	50조 이상	200,000	30,000,000	30,200,000
2	10조 이상 ~ 50조 미만	200,000	21,000,000	21,200,000
3	5조 이상 ~ 10조 미만	200,000	15,000,000	15,200,000
4	1조 이상 ~ 5조 미만	200,000	10,500,000	10,700,000
5	5,000억 이상 ~ 1조 미만	200,000	7,500,000	7,700,000
6	1,000억 이상 ~ 5,000억 미만	200,000	4,500,000	4,700,000
7	500억 이상 ~ 1,000억 미만	200,000	3,000,000	3,200,000
8	100억 이상 ~ 500억 미만	200,000	1,800,000	2,000,000
9	50억 이상 ~ 100억 미만	200,000	900,000	1,100,000
10	10억 이상 ~ 50억 미만	200,000	600,000	800,000
11	5억 이상 ~ 10억 미만	200,000	300,000	500,000
12	5억 미만	200,000	150,000	350,000

9-4

코리안넷 가입 회비다. 처음 시작하는 셀러는 매출이 없으므로 12번에 해당한다. 입회비 20만 원, 3년 기준 연회비 15만 원으로 총 35만 원이지만 할인을 받을 수 있다.

※ 소량사용회원 (취급품목이 의약품, 의료기기는 바코드 체계가 다름으로 소량회원 신청 불가)
 - 연간매출액 1억원 미만이면서 10개이하 바코드 사용시 소량사용회원으로 분류되며 연회비(3년 기준)는 90,000원입니다.
 - 추가코드 사용 희망시 12등급과의 연회비 차액 60,000원을 납부하시면 일반회원으로 전환됩니다.
 (*일반회원으로 전환시 회원 만료일자는 기존 소량사용회원의 유효기간이 적용됨)
 - 소량사용회원 가입 3년 후 회원갱신시 연간매출액이 1억원 이상인 경우 일반회원으로 변경됩니다.
※ 스타트업기업 입회비 50% 할인
 - 사업자등록증상의 개업연월일이 회원가입신청일 이전 6개월 이내인 경우는 입회비가 100,000원입니다.

9-5

연간 매출액이 1억 원 미만이고, 바코드를 10개 이하로 사용한다면 연회비는 9만 원이 된다. 또 개업일이 코리안넷 가입 6개월 이내인 경우인 스타트업 기업은 입회비를 50% 할인받을 수 있어 입회비가 10만 원, 총 비용은 19만으로 원래대로인 35만 원보다는 덜 부담되는 가격으로 가입할 수 있다. 하지만 3년 동안 바코드를 10개 이상 사용하려면 할인받은 연회비를 추가 납부해야 하고, 연매출이 1억을 돌파한다면 3년 후 갱신 시 할인을 받지 못하고 일반 회원으로 분류된다.

유통표준코드 회원 서비스 안내

1. 국제표준코드 이용 가능
- 전 세계에서 사용 가능한 국제표준 상품식별코드 부여 권한 부여
- 북미지역(미국, 캐나다)에서 사용되고 있는 UPC코드 무료 신청 가능

2. 코리안넷 제공 서비스
- 국제표준바코드 생성 및 등록
- 국제표준바코드 심볼 이미지
- 자사/타사 상품정보 등록 및 관리
- 타사 상품정보 검색
- 바코드 검증 서비스

3. 유통정보 제공 서비스
- 대한상의 유통물류진흥원에서 발간하고 있는 국내외 유통업계 동향 및 정보 제공
- 유통관련 연구보고서 및 통계집 제공

9-6

코리안넷 가입을 통해 1번 첫 번째 줄에 명시되어 있는 GTIN 코드 혹은 두 번째 줄에 명시되어 있는 UPC 코드를 발급받아서 아마존 리스팅에 사용할 수 있다.

신청을 완료하면 확인 메일이 오게 된다. 회비 입금 계좌에 입금을 완료하면 익일 승인되고 오후부터 사용이 가능하다.

번호	제목	파일	등록일
42	2021년 코리안넷 간편설명서	Pdf	2021-02-16
41	2016년 개정판 KAN상품분류코드집 공지	Pdf	2017-07-11
40	2016년 개정 KAN상품분류체계코드집 공지	Pdf	2017-01-23
39	2016년 GS1 표준바코드 활용 교육책자_개정판	Pdf	2016-09-26
38	코리안넷 사용자 메뉴얼 V.20160630 활용안내	Pdf	2016-07-11
37	2016 GS1 표준바코드 활용 교육자료	Pdf	2016-02-01
36	코리안넷 개편 시스템 사용자 매뉴얼 (요약본)_일부 수정	Pdf	2016-01-26
35	코리안넷 개편 시스템 사용자 매뉴얼입니다.	Pdf	2015-12-09
34	신규 코리안넷 사용자 매뉴얼	Pdf	2014-11-27
33	코리안넷 등록상품의 관리자 승인 요건 안내	Pdf Pdf	2014-11-20

1 2 3 4 5 ▶ ▶▶

9-8

승인이 완료되면 코리안넷 홈페이지에서 표준 바코드 활용 기초 교육 동영상이나 자료실에서 코리안넷 간편 설명서 PDF 자료를 다운로드 받아 따라 하면 쉽게 바코드 생성을 완료할 수 있다.

바코드 사용 시 주의사항 구입한 바코드를 이용해 아마존에서 상품 등록을 한다면 그 즉시 바코드가 해당 상품에 귀속되어 아마존에서는 사용 완료된 바코드로 인식한다. 그렇기 때문에 수수료 확인을 위해 바코드를 입력하고 상품을 리스팅했다가 해당 상품을 진행하지 않게 되더라도 리스팅을 삭제하지 말아야 한다. 그대로 내버려두었다가 다른 상품을 찾아 리스팅할 때 입력했던 제품의 사이즈와 무게 등 정보를 새로운 아이템의 정보로 수정해주어야 한다.

간이 리스팅

이제 간이로 리스팅을 해볼 차례다. 간이 리스팅을 하고 수수료를 확인하기 위해서는 제품의 사이즈와 무게, 제품을 제품 박스에 포장했을 때의 박스 사이즈 및 무게가 필요하다. 리스팅 전에 제조사에 확인하여 사이즈와 무게를 받아놓도록 하자. 간이 리스팅은 정확한 수수료 확인을 위한 작업이기 때문에 정식 리스팅은 추후 설명하도록 하겠다.

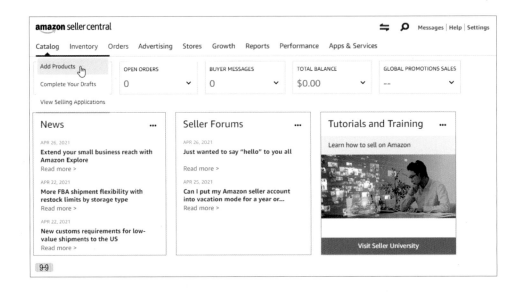

셀러 센트럴 로그인 후 Catalog→Add Products를 클릭한다.

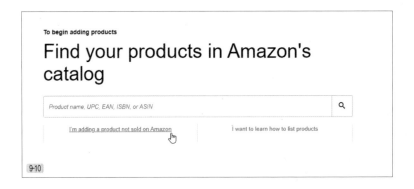

PL로 새로운 상품을 판매할 것이기에 I'm adding a product not sold on Amazon을 클릭한다.

Select a product category

Choosing the best category ensures that you see the most appropriate data fields for your product. Browse the categories directly or use search. See if your product already exists on Amazon.

Favorites

You haven't added any favorite categories yet.

Search   What is a Product Type?

Search for a category   🔍

Browse   What is a Product Type?

Select a category

☆ Appliances   >

☆ Arts, Crafts & Sewing   >

☆ Automotive   >

☆ Baby Products   >

9-11

다음으로 넘어오면 카테고리 선택을 해야 한다.

Product information

Color:**Clear**

Package Dimensions	10.35 x 4.92 x 4.76 inches
Item Weight	1.31 pounds
Manufacturer	Funsoba
ASIN	B085RYBWF6
Customer Reviews	★★★★☆ ˅ 159 ratings 4.5 out of 5 stars
Best Sellers Rank	#35,172 in Home & Kitchen (See Top 100 in Home & Kitchen) #34 in Vases
Batteries Required?	No

9-12

본인이 직접 찾거나 설정해도 되지만, 아마존닷컴에서 본인이 판매하고자 하는 상품을 검색하면 나오는 제품을 하나 클릭하여 스크롤을 내려보면 해당 제품의 카테고리 확인이 가능하다. 필자는 유리병 상품을 예로 들어보았다. 이와 같이 카테고리를 확인한다.

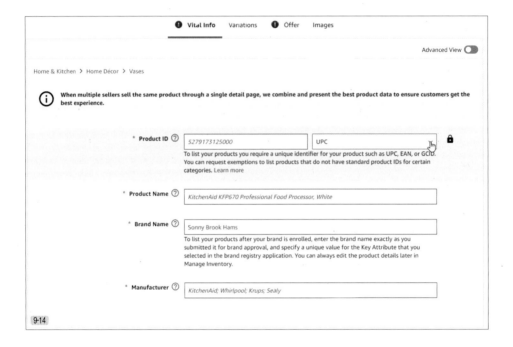

Search 칸에 검색 후 Select category를 클릭한다.

다음으로 넘어오면 본격적으로 리스팅 작업이 시작된다. 각 항목을 다음과 같이 입력한다.

- Product ID : 바코드 번호를 입력한다. 발급받은 바코드에 따라 UPC/GTIN을 선택한다.
- Product Name : 판매 시 노출되는 제품명을 입력한다. 언제든 수정이 가능하므로 간이로 입력해도 무방하다.
- Brand Name : 본인의 브랜드명을 입력한다.
- Manufacturer : 제조사 입력 칸으로 본인의 브랜드명과 동일하게 입력한다.

네 가지를 입력 후 우측 상단 Advances View를 클릭해준다.

Advances View를 클릭하면 상세하게 리스팅을 할 수 있도록 다양한 입력창이 생성된다.

Package Dimensions에 제조사에게서 받은 세품 포장 박스 사이즈와 무게를 입력한다. 미국에서는 한국인에게 익숙한 cm 대신 IN(인치)를, kg 대신 LB(파운드)를 사용하기 때문에 아마존닷컴에도 인치와 파운드로 표시해야 한다. 네이버 검색창에 'cm 인치'를 검색하거나 'kg 파운드'를 검색하면 쉽게 변환할 수 있다.

Height(높이), Length(길이), Width(폭)을 인치 단위로 변환하여 입력하고, Weight(무게) 또한 kg을 파운드 단위로 변환하여 입력한다.

입력 후 상단에서 Offer를 클릭한다. Variations의 경우 색상이나 모양 등 옵션을 제공할 때 사용한다. 단일 상품일 경우에는 사용하지 않는다.

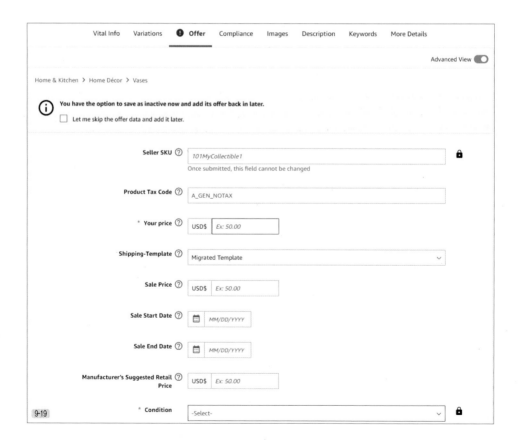

Offer에서는 Your price에 본인이 판매하고자 하는 가격을 입력하고, Condition은 새 상품을 판매할 것이기 때문에 New를 선택해주면 된다.

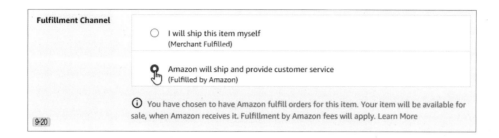

아래로 스크롤을 내려 Fulfillment Channel이 I will ship this item myself(FBM, 판매자 직접 배송)으로 설정되어 있다면, Amazon will ship and provide customer service(FBA)를 선택해준다.

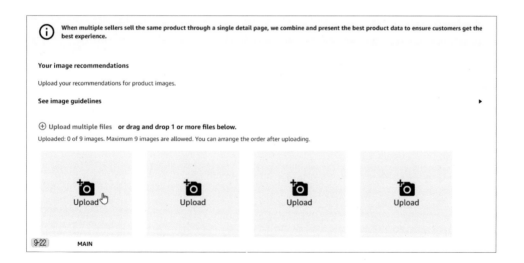

다음은 상단에서 Images를 선택한다.

간이 리스팅이고 아직 제품 촬영 전이기 때문에 임시로 MAIN 이미지만 업로드해두면 된다. 알리바바 제품 페이지에서 다운로드 받거나 캡쳐하여 MAIN 이미지 칸을 클릭하여 업로드해두자.

다음은 상단 Description(상품 설명)을 클릭한다.

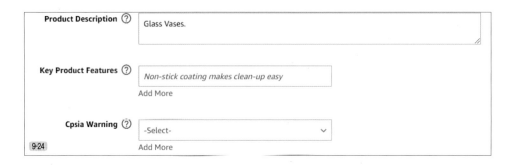

리스팅 등록을 위해 Product Description 칸을 비워두면 안 되기 때문에 임시로 간략히 상품 설명란에 입력해준다.

마지막으로, More Details를 클릭한다.

아래로 내려 제품 사이즈를 입력한다. 역시 인치 단위로 변환하여 입력한다.

입력 후 스크롤을 맨 아래로 내려 Save and finish를 클릭하면 리스팅이 완료된다. 리스팅이 생성될 때까지는 몇 분 소요될 수 있다.

10

이윤 계산

아마존 셀러를 하면서 지불해야 할 수수료는 Referral fee(판매 수수료)와 FBA fee(수수료)가 가 있다. 판매 수수료는 15%이며 FBA 수수료 같은 경우 %가 아닌, 제품의 무게와 부피에 따라 다르게 책정된다. 아마존 창고에서 특정 상품이 차지하는 부피가 클수록 창고 공간을 잡아 먹어 다른 상품을 보관할 장소가 부족해지고, 무거울수록 운반에 인력이 더 투입되거나 장비를 사용해야 할 수 있기 때문이다.

상품 선정 단계에서 가볍고 작은 상품을 추천했던 것도 이러한 이유 때문이다. 비슷한 상품이나 아마존 셀러 관련 사이트 등에서도 수수료 예측이 가능하지만 진행해볼 상품의 측정값을 가지고 상품을 등록했을 때 정확한 수수료를 확인할 수 있기 때문에 이전 장에서 간이 리스팅을 한 것이다.

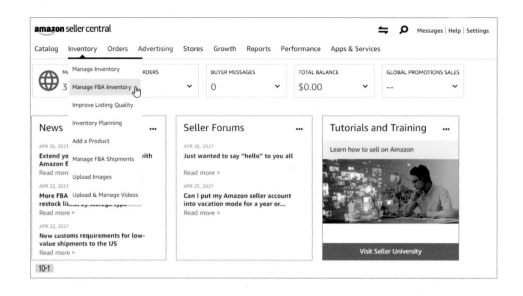

10-1

수수료 확인을 위해 셀러 센트럴 로그인 후 Inventory → Manage FBA Inventory를 클릭한다.

10-2

그럼 이와 같이 간이 리스팅을 해놓은 나의 제품에 수수료가 표시된다.

판매 가격 $22.99의 판매 수수료 15%, $3.45와 나의 제품 사이즈, 무게가 고려되어 측정된 FBA 수수료 $6.56, 총 $10.01이 제품을 한 개 팔 때 발생되는 수수료이다.

해당 상품을 알리바바에서 구매하는 가격이 배송비 포함하여 개당 $5라고 가정했을 때, (제조사에서 제품 가격과 배송비를 따로 청구하는 경우에는 (제품 가격+배송비)/(수량)으로 개당 가격을 산정하면 된다)

$$\$22.99 - \$10.01 - \$5 = \$7.98$$

(판매가)-(수수료)-(원가) = (이윤)

이와 같이 계산되며,

$$\$7.98/\$22.99 = 35\%$$

(이윤)/(판매가)=(이익률)

이렇게 이윤과 이익률 확인이 가능하다. 이익률은 당연히 높을수록 좋지만 이익률을 너무 높게 가져갈 경우 가격 경쟁력이 떨어지고 경쟁사에 비해 판매가 잘 이루어지지 않을 수 있기 때문에 수수료를 확인한 뒤 아마존닷컴에서 동일한 카테고리에서 판매 중인 타사의 비슷한 제품군의 가격대와 비슷하거나 낮게 가격을 설정하여 경쟁력을 갖추는 것을 추천한다.

수수료가 생각보다 높게 나와서 이윤이 충분하지 않거나, 기타 사유로 해당 아이템을 진행하지 않게 되더라도 리스팅을 삭제하지는 말아야 한다. 앞서 구매했던 바코드의 경우 한번 사용하면 재사용할 수 없으므로 삭제하지 않고 수정하여 사용하면 된다.

11

샘플 받아보기

원가 계산까지 완료해보고 그 상품을 진행하기로 마음을 먹었다면 이제 샘플을 주문해볼 차
례다. 알리바바에 들어가보자.

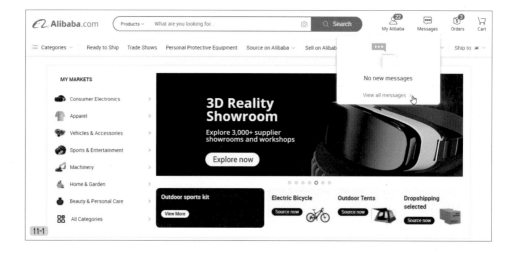

알리바바에 접속 후 우측 상단 Messages → View all messages를 클릭해서 본인이 진행하고자 하는 아이템의 제조사 담당자에게 "I'd like to order a sample. Please let me know the price"(샘플을 주문하고 싶습니다. 가격을 알려주세요)와 같이 메시지를 보내보자. 그럼 샘플 가격을 알려줄 텐데, 샘플 가격을 청구하는 방식도 제조사별로 가지각색이다.

---

1. 샘플 가격과 운송비를 모두 청구하는 경우 : 예를 들어 샘플 가격이 $30이고 중국 → 한국 특송비가 $40이라고 했을 때 $70을 모두 청구한다.

2. 샘플은 무료로 제공하고 운송비만 청구하는 경우 : $40의 특송 운송비만 청구한다.

3. 샘플 가격과 운송비를 모두 청구하고 정식 주문 시 샘플 가격을 차감해주는 경우 : 샘플+운송비 $70을 모두 결제하고, 향후 정식 주문을 하게 된다면 그때 주문 비용에서 샘플 비용 $30을 차감해준다.

보통 모든 금액을 받으려고 하는 1번과 정식 주문을 하면 샘플비를 차감해주는 3번의 경우가 대다수이다. 하지만 독자의 제조사가 1번을 요구한다면 협의를 해볼 필요가 있다. 특송비야 어쩔 수 없다고 하더라도 샘플비까지 모두 받는다면 꽤나 부담스러운 금액이 될 수 있다. 하지만 제조사에서 모든 비용을 요구한다고 하더라도, 무작정 2번처럼 무료 샘플을 요구하기보다는 3번으로 유도해보길 추천한다. 무작정 무료를 요구하면 반감을 살 수 있는 반면 3번처럼 정식 주문의 여지를 준다면 제조사에서도 크게 거절할 이유는 없기 때문이다. 다만 제조사가 처음부터 3번의 조건을 제시한다면, 그때는 2번을 한 번 정도는 찔러보는 것도 괜찮다.

이렇게 매번 결제 전에 최대한 협의를 하는 습관을 길러서 조금씩이라도 아껴보도록 하자. 협의가 완료되었다면 샘플을 언제 발송해 줄 수 있는지를 확인하자. 보통 빠른 시일 내에 발송해주지만, 미리 확인을 안 할 경우 제조사에서 늑장을 부릴 수 있으니 꼭 결제 전에 확인하도록 하자. 모두 확인했다면 앞서 제조사를 선택할 때 필수 사항으로 꼽았던 Trade Assurance(알리바바를 통한 결제)를 요청하자.

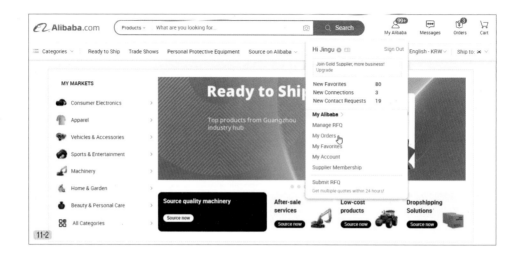

11-2

그럼 제조사 측에서 Trade Assurance 생성을 완료한 후 독자에게 주문을 확인해달라고 할 텐데, 알리바바 메인 페이지 → My orders를 클릭하면 확인이 가능하다.

11-3

My orders로 넘어오면 제조사 측에서 생성한 Trade Assurance 목록이 나오며, 우측 주황색 버튼을 클릭해 결제할 수 있다. 금액을 다시 한번 확인하고 결제를 클릭해주면 된다.

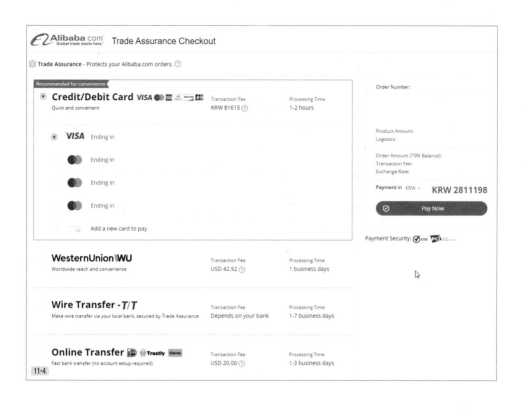

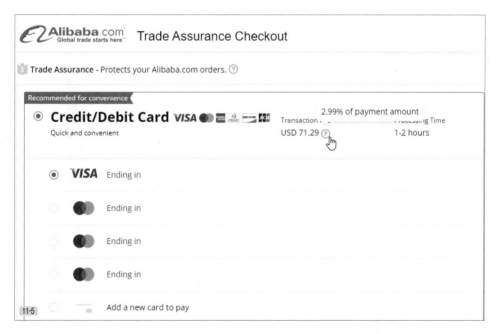

결제를 클릭하면 이와 같이 결제 페이지로 넘어오며, Credit/Debit Card(신용카드/체크카드 결제)를 선택해주고, Add a new card to pay를 클릭하여 해외 결제가 가능한 카드를 새로 등록해주면 된다. 신용/체크카드는 2.99%의 수수료가 알리바바에 의해 부과된다.

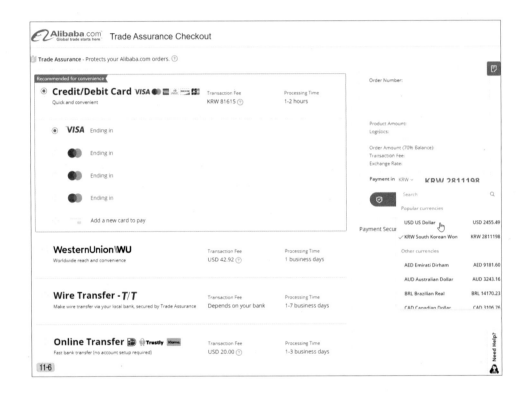

결제를 할 때는 우측 Payment in 옆에 KRW를 클릭하여 원화가 아닌 USD 달러로 변경하여 결제할 것을 추천한다. 왜냐하면 해외에서 원화로 결제하는 것은 그냥 결제가 이루어지는 것이 아니라, 해외 원화 결제 서비스(DCC)라는 수수료가 있는 서비스 개념의 결제 방법으로 추가 수수료가 부과된다. 꼭 USD 달러로 변경하여 결제하기를 바란다.

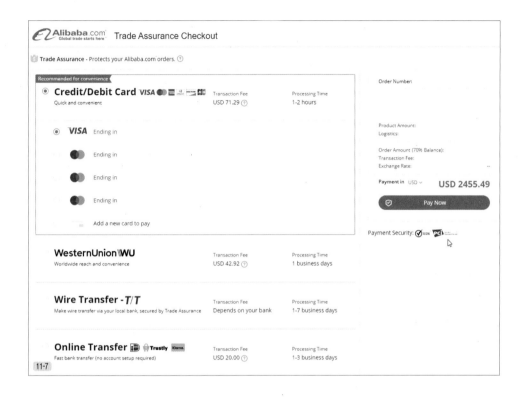

그럼 이와 같이 USD로 변경되어 USD로 결제가 가능해진다. Pay Now를 클릭해 결제해준다.

이렇게 결제까지 완료해주면 샘플 주문이 모두 완료되었다. 위 사진은 필자의 정식 주문 진행 내역이지만 샘플과 정식 주문 방법은 동일하다. 중국에서 한국으로의 특송은 매우 빠른 편이기 때문에 제조사에서 발송하고 특별한 일이 없다면 1주일 내로 받아볼 수 있다.

샘플을 받아보았다면 그냥 예쁘다 아니다로 평가할 게 아닌, 점검해야 할 사항들을 두 가지 전달하겠다.

1. 포장 상태

샘플이 어떠한 포장 상태로 왔는지 잘 확인해봐야 한다. 제품에 손상이 가지 않도록 안전하게 포장했는지가 최우선 사항이다. 필자는 예전에 샘플을 주문했는데 제품이 파손된 채로 도착한 적이 있었다. 제조사에 이야기를 하니 바로 새 상품을 보내주긴 했지만, 단 1개의 상품조차 안전하게 포장하여 배송을 못하는데 대량 주문을 했을 때 잘할까 싶어 불안한 마음이 들어서 해당 제조사 제품을 포기한 적이 있었다. 또한 박스 모양은 깔끔한지 확인하고, 제조사 담당자에게 정식 주문을 했을 때 샘플을 보내준 박스와 동일한 박스를 사용하는지도 한 번 더 확인해보자. 박스 상태가 좋지 않다면 개선을 요청해야 한다. 독자들이 온라인 쇼핑을 했는데 박스가 마구 손상되어 있고 테이프가 덕지덕지 붙어 있어 깔끔해 보이지 않는다면 해당 쇼핑몰에 대한 인상이 안 좋아지듯 박스 포장 또한 최대한 깔끔해야 한다.

2. 제품의 품질

아이템의 디자인이 아무리 뛰어나다 한들 품질이 좋지 않다면 소위 말하는 사진발로 판매를 만들어낼 수는 있어도 1개짜리 별점을 피할 수는 없을 것이다. 판매 초기에 별점 1점은 판매에 막대한 영향을 끼칠 것이고 그 아이템은 완판을 하지 못한 채 끝날 가능성이 크다. 이 때문에 무슨 일이 있어도 제품의 품질이 별로라면 과감하게 배제해야 한다. 제품에 스크래치가 있는지, 도색이 들어간다면 도색이 벗겨진 부분은 없는지 확인하고, 보기보다 파손당하기 쉬워서 오래 사용할 수 없는 제품 등은 피해야 한다.

의외로 알리바바에 올라가 있는 사진보다 실물이 실망스러운 경우가 더러 있기 때문에 꼭 샘플을 받아서 직접 본인의 두 눈으로 확인하고 만져봐야 하는 이유이기도 하다. 제조사에서 제품을 대충 방치하여 먼지가 쌓인 상태의 제품을 받을 수도 있다. 이러한 경우에는 제품에 큰 이상이 없으면 제조사 담당자에게 먼지를 제거하여 포장할 것을 요청해야 한다. 이외에도 충분히 제조사에서 개선할 수 있겠다고 생각되는 부분들은 최대한 개선을 요청하고 이를 받아들일 경우에만 진행하도록 하자.

12

단가 협상, 정식 주문하기

샘플에 이상이 없다면 이제 정식 주문을 해볼 차례다. 필자가 여태까지 꽤나 많은 업체들과 협상을 해본 결과 샘플 수령 단계에서 한번 더 단가 협상을 시도할 때 가장 협조적이었다. 제조사 또한 샘플이 넘어가고 최종 정식 주문 단계만 남은 상황에서 주문을 놓치고 싶지 않을 것이다. 이 때문에 첫 문의 단계에서 단가를 최대한 깎기보다는, 첫 문의에서 가격이 적정선이었다면 샘플을 받고 추가 협상을 해보자. 다만 너무 밀어붙이지 않는 선에서 진행하는 것이 좋다.

I really like the product, but I think I need a little more discount to sell it. Please consider it.
(제품이 정말 마음에 듭니다. 다만 제가 판매하기 위해서는 좀 더 할인이 필요할 것 같습니다. 검토 바랍니다)

정도의 메시지를 보내면 제조사에서 검토 후 된다/안 된다와 같은 답변을 받을 것인데, 할인을 해주더라도 큰 할인을 받을 수는 없겠지만 감사를 표하고 정식 주문을 요청하자. 할인에 응하지 않을지라도 이미 할인 전에 이익률을 확인하고 샘플 단계에까지 왔기 때문에 넘어가도 무방할 것이다.

첫 주문 전에 할인을 받았든 안 받았든, 추후 판매가 성공적으로 이루어져 재주문을 할 때는 추가 할인을 요청하여도 좋다. 하지만 할인 폭이 만족스러울 만큼 크지 않을 것이기 때문에 필자는 할인보다는 제품을 서비스로 몇 개 더 제공해달라고 요청하는 것을 추천한다. 필자의 경험에 따르면 보통 제조사에서 재고를 많이 가지고 있거나, 원가가 괜찮은 상품일 경우 할인보다 무상 제공을 생각보다 쉽게 제공해주었다.

가격 협상이 끝났다면 다음과 같이 결제 조건을 요구하자.

I'll pay 30% when I order and 70% when items are ready.
(주문 단계에서 30% 결제, 생산 및 제품 준비 완료 단계에서 70% 결제하겠습니다)

이는 자금 확보에서도 중요하지만 안전성을 위함이기도 하다. 준비가 완료되면 제품, 포장 사진 등을 보내달라고 미리 요구하도록 하자. 이러한 안전장치를 걸어놓는다면 제조사에서도 함부로 만들어 보낼 수 없을 것이다. 추후 사진을 참고하여 이상이 없다면 결제를 마무리해주면 된다.

여기까지 확인했다면 이제 배송비를 확인해야 한다. 배송지의 경우 각 아마존 창고의 물류 상황에 따라 다르게 배정받기 때문에 배송비 또한 거의 매번 변동이 있을 수 있다. 하지만 큰 폭으로 변할 일은 많이 없을 것이다.

배송 생성 및 정식 주문

앞서 설명했듯, 상품 박스와 Carton 박스에 부착할 라벨을 생성하기 위해서는 아마존에서 배송을 생성해야 한다. 배송을 생성하기 전에 확인해야 할 것이 있다. 아마존 창고로 보낼 제품에 대한 배송을 생성할 때, 아마존에서는 배송을 보낼 Carton의 개수, 사이즈와 무게를 요구한다. 그래서 이를 제조사에 물어서 확인해주도록 하자. 또한 제조사의 주소, 전화번호와 우편번호를 확인해야 한다. 모두 확인했다면 배송을 생성하기 위해 아마존 셀러 센트럴에 접속하여 로그인한다.

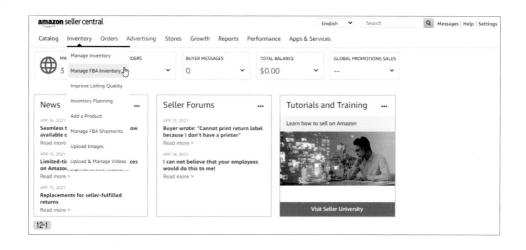

Inventory → Manage FBA Inventory를 클릭한다. Manage FBA Inventory를 들어갔을 때, 간이 리스팅을 한 제품이 안 보인다면 현재 리스팅의 상태가 FBA가 아닌 FBM인 것이므로 FBM → FBA로 전환하는 작업이 필요하다.

※ FBM(Fulfillment by Merchant) : 아마존이 제품 보관, 배송을 대행해주는 것이 아닌 판매자가 직접 제품을 취급하고 발송하는 것이다.

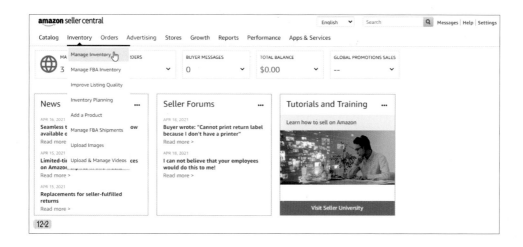

전환을 위해 Inventory → Manage Inventory로 들어가준다.

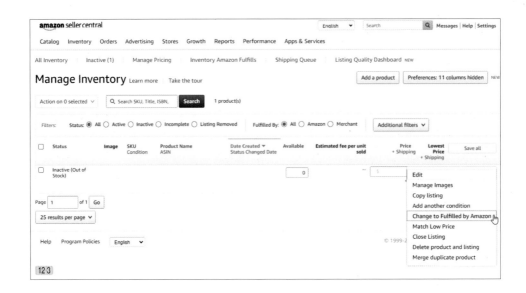

간이 리스팅 제품 우측 Edit 옆에 화살표 버튼을 누르고 Change to Fulfilled by Amazon을 클릭한다.

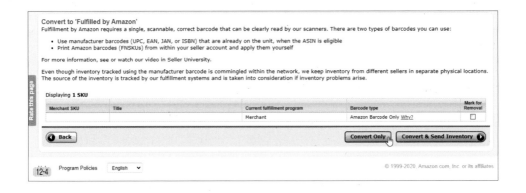

FBA로의 변경 안내 문구가 나온다. Convert Only를 클릭한다.

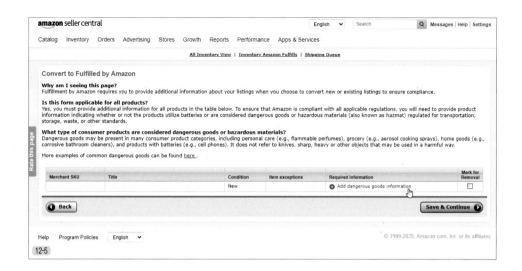

다음 페이지에서 Add dangerous goods information을 클릭한다.

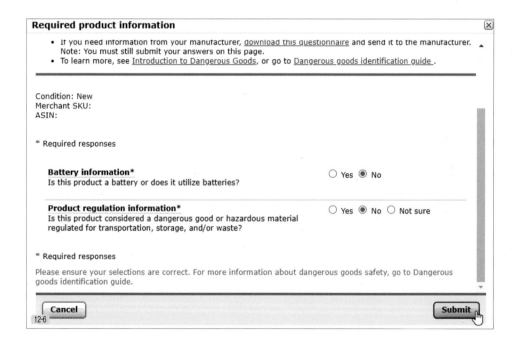

두 항목 중 Battery information은 베터리 포함 여부를 묻는 질문이고, Product regulation information은 위험한 물질 포함 여부를 묻는 질문이다. 둘 다 No를 선택한 후 Submit를 클릭한다.

Save & Continue를 눌러준다.

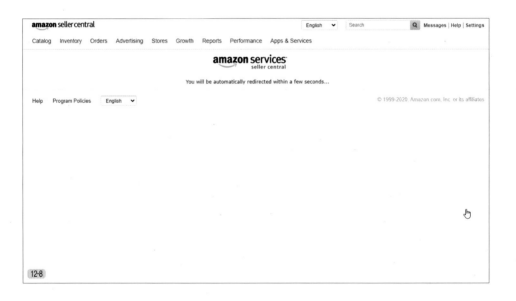

이와 같은 화면이 표시되며 FBA로의 전환이 완료된다. 반영까지는 몇 분이 소요될 수 있다.

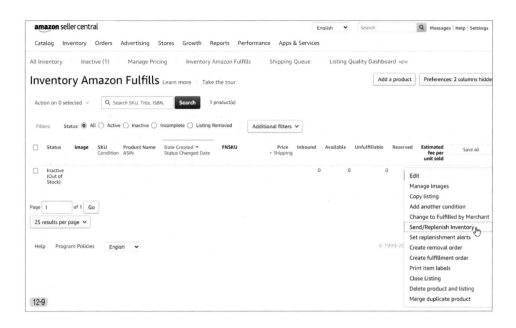

Inventory → Manage FBA Inventory를 클릭했을 때 간이 리스팅 상품이 나온다면 Send/Replenish Inventory를 클릭한다.

그럼 Send to Amazon으로 진입하게 된다. 이전에는 배송을 생성하는 방식이 아주 복잡하고 여러 단계를 거쳐야 했으나 2021년 7~8월부로 이전보다는 간단하게 생성할 수 있도록 개편

되었다. 박스 사이즈, 무게 등의 정보는 매번 배송을 생성할 때마다 새로 입력해주어야 했는데, 이제 아이템별로 템플릿을 저장할 수 있도록 바뀌는 등 불편한 사항 또한 개선되었다.

Step 1은 배송 정보와 수량, 박스 정보를 입력해야 한다. Ship from을 보면 비어 있거나 아마존 셀러를 가입할 때 사용한 주소가 적혀 있을 것이다. Ship from 아래에 Ship from another address를 클릭한다.

Add contact를 클릭한다.

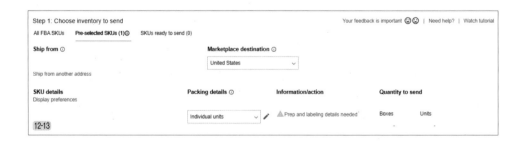

상세 주소 입력 창이 나오는데 제조사에 확인한 그대로 입력한 뒤 Add contact를 클릭한다.

Marketplace destination은 아이템을 보낼 아마존 마켓 국가를 뜻한다. 자동으로 United States가 선택되어 있을 것이니 넘어가도록 한다.

다음은 아이템 포장 사양을 입력해야 한다. Packing details가 Individual units로 자동 선택되어 있을 텐데, 이는 아이템 하나하나 포장해서 따로 발송한다는 뜻이다. 하지만 독자들은 큰 박스(Carton)에 여러 개의 상품 박스를 포장하여 보낼 것이기 때문에 Create new case pack template를 클릭한다.

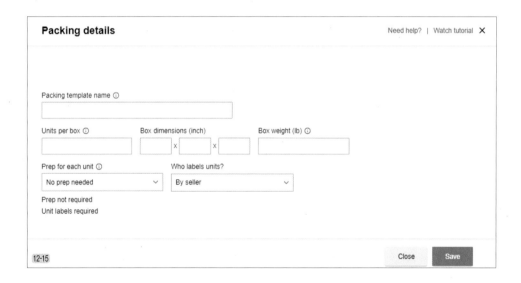

그럼 이와 같이 포장 사양 디테일을 입력하도록 새 창이 생성된다. 추후 배송을 생성할 때 해당 템플릿을 선택하면 지금 작성하고 저장할 내용들이 자동으로 입력된다.

• Packing template name : 본인이 템플릿 식별이 가능하도록 상품명으로 작성해준다.
• Units per Case : 한 Carton당 제품 몇 개가 들어가는지를 입력해주면 된다.
• Box dimensions : Carton 사이즈를 인치로 입력한다.

- Box weight : Carton 무게를 파운드(lb)로 입력한다.

- Prep for each unit : 포장을 직접 하기 때문에 No prep needed를 선택한다.

- Who labels units? : 바코드 및 Carton 라벨링 작업은 제조사에 맡길 것이기 때문에 By seller로 선택한다. 아마존에 요청할 시 수수료가 부과된다. 라벨링 같은 경우 거의 모든 제조사에서 무상으로 작업해주기 때문에 굳이 아마존에게 요청할 필요가 없다. 모두 입력 후 Save를 클릭한다.

포장 사양 입력을 완료한 뒤 Quantity to send에서 Boxes에 발송하고자 하는 Carton의 수량을 입력한다. 한 Carton당 몇 개의 제품이 포함되어 있는지 템플릿에 입력했기 때문에 Units에 총 수량이 자동으로 표시된다. 수량이 맞는지 확인하고 Ready to send를 클릭한다.

Ready to send를 클릭하면 Step 1을 마친 것이다. Print all SKU labels를 클릭하면 발송할 아이템의 수량만큼의 제품 박스에 프린팅/부착할 바코드를 PDF로 다운로드할 수 있다. 다운로드한 뒤 Confirm and continue 버튼을 클릭한다.

Step 2 Confirm shipping으로 넘어오면 상단 Ship date에 배송 출발일을 선택하도록 되어 있다. 제조사에게 예상 배송일을 확인하여 입력하거나 대략적인 발송일을 입력해도 상관없다.

Shipping mode : Small parcel delivrty(SPD), Less than truckload(LTL) 중 배송 방식을 선택하

는 것이다. SPD는 여러 개의 박스를 배송하는 것을 말하고, LTL은 팔렛트를 이용한 배송인데, 대부분의 해운 운송은 여러 개의 박스로 배송하기 때문에 SPD를 선택해주면 된다.

아래 Number of shipments 부분에서 Shipment #1 바로 아래에 표기되어 있는 주소가 바로 배송을 보내야 할 아마존 창고 주소이다. STL3이라고 되어 있는 것은 아마존에서 지칭한 수많은 아마존 창고 중 하나의 이름이다. 앞서 설명했듯 이 배송지는 그때그때 아마존 창고별 상황에 따라 변동될 수 있다. 중국에서 배로 보낼 경우 거의 모든 물건을 서부에서 하역하고 내륙 운송하기 때문에 서부 쪽으로 가까울수록 입고가 빠르겠지만 안타깝게도 창고를 선택할 수는 없다.

창고를 확인했다면 창고 주소를 제조사 담당자에게 알려주고, 예상 배송비를 산정받도록 하자. 이윤 계산 파트에서 설명했던 것처럼, 배송비를 포함하여 이윤을 확인하고 진행할지 아니면 다른 아이템을 찾아야 할지 마음을 정해야 한다. 진행은 하고 싶은데 이익률이 생각보다 저조하다면 무리해서 진행하지는 않기를 바란다. 그렇다고 평균 시장가보다 가격을 올려서 이익률을 높여보려는 생각은 더더욱 안 된다. 이럴 때는 제조사에 이익률이 생각보다 나오지 않아 진행을 할 수 없다고 얘기한 뒤 조금 더 할인을 받도록 시도해보고, 어렵다면 과감하게 다른 아이템으로 넘어가는 것도 좋은 방법이다. 또한 배송 생성에 필요한 미국 내륙 운송 택배사가 어딘지 확인하도록 하자.

결제는 샘플 주문 때와 같이 Trade assurance를 꼭 요청하도록 하고, 금액을 다시 한번 확인한 뒤 결제해주면 된다. 또한 선결제 30%, 생산 완료 후 70% 결제 조건이 맞는지도 확인해야 한다. 선결제를 완료하고 나면 무작정 예상일까지 기다리지 말고 간혹 가다 메시지를 보내서 진행 상황을 물어보거나 사진을 요구하여 체크하는 것이 좋다. 하지만 무엇보다도 제일 중요한 것은 준비를 완료했으니 잔금을 결제해달라는 메시지가 오면 제품 사진과 제품 박스 사진, Carton 사진까지 최대한 많은 사진을 받아보고 이상이 없는지 확인해야 한다. 사전에 협의된 내용과 다르거나, 제품에 이상이 있어 보이거나, 포장 사양이 올바르지 않은 것 같다면 즉시 지적하여 수정할 수 있도록 해야 한다. 모든 확인이 끝나고 이상이 없다고 판단이 되었을 때 다시 한번 제품의 미국/아마존 창고 예상 도착 일정을 물어보고 잔금을 결제하도록 하자. 결제를 마치자마자 제조사 담당자에게 Tracking number(운송장 번호)가 나오면 즉시 알려달라고 이야기해두도록 하자.

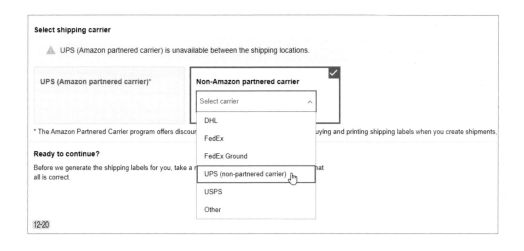

Step 2를 이어서 설명하겠다. Select shipping carrier에서는 제조사에서 미국 내륙 운송으로 사용할 택배 회사를 선택해주면 된다. 보통 UPS를 이용하지만, 간혹 Fedex를 이용하는 곳이 있기 때문에 제조사에 확인 후 선택해주도록 한다.

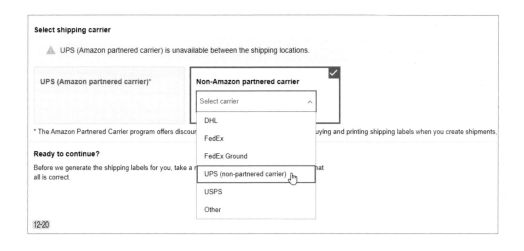

모두 입력하면 Accept charges and confirm shipping을 클릭하여 Step 2를 마무리할 수 있다.

Total placement fees는 6장에서 설명했던 Inventory Placement(재고 배치 서비스)를 이용했을 때 발생하는 비용이다. 이와 같은 경우 예시로 발송 물품을 적게 세팅하여 이용료가 조금 나온 것처럼 보이지만 발송할 아이템이 많을 경우 비용이 높게 책정될 수 있다. 비용이 높게 나오는 경우 재고 배치 서비스를 off하고 배송을 다시 생성해본 뒤 6장에서 설명했던 것처럼 '재고 배치 서비스 비용 vs 재고 배치 서비스를 받지 않는 대신 상승된 배송비'를 비교하여 저렴한 쪽으로 선택해주어야 한다. 재고 배치 서비스를 받지 않으면 물품 배송을 해야 할 목적지가 아마존 창고 한 곳이 아닌 세 군데까지 늘어날 수 있으므로 배송비가 상승할 가능성이 크기 때문에 이러한 비교가 필요하다. 한 곳의 창고로 보낼 때와 마찬가지로 세 군데 창고의 주소 및 각 수량을 제조사에게 알려주어 예상 배송비를 받아보고 비교해보면 된다.

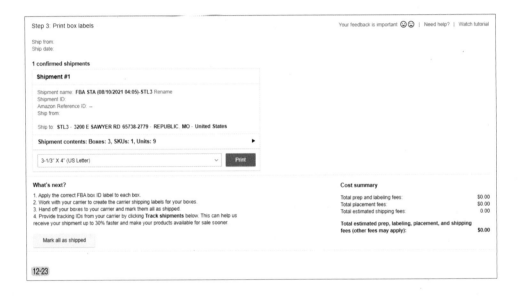

재고 배치 서비스를 off하면 이와 같이 Total placement fees에 비용이 부과되지 않은 것을 확인할 수 있다.

마지막 단계인 Step 3이다. Shipment #1 아래 Shipment name 우측 Rename을 클릭하여 현재 생성 중인 배송의 이름을 변경할 수 있다. FBA로 시작하는 이름으로 자동 생성되어 있지만 본인의 편의에 맞게 작성해주면 된다. 현재는 첫 배송 생성이기 때문에 헷갈릴 일이 없겠지만 나중에 상품이 늘어나고 여러 배송을 생성하다 보면 혼동이 올 수 있기 때문에 제품명, 수량과 날짜 정도를 입력해주는 것을 추천한다.

Shipment name 변경 후 우측 하단 Print 버튼을 클릭하면 Carton에 부착해야 할 라벨을 PDF 파일로 다운로드할 수 있다.

위와 비슷한 라벨이 Carton 개수만큼 생성된다. 상품 박스에 부착해야 할 바코드는 제품 수량과 관계없이 바코드가 모두 동일한 모양을 가지고 있으나, Carton 라벨 같은 경우는 라벨 하나하나 모두 다르기 때문에 동일한 라벨을 여러 Carton에 부착하지 않도록 제조사에 주의를 줘야 한다. 혹시 모를 혼선을 대비하여 앞서 다운로드 받았던 아이템 박스용 바코드는 Item box barcodes, 지금 다운로드받은 Carton에 부착할 라벨은 Carton labels로 파일명을 변경하고 두 파일 모두 제조사 담당자에게 보내도록 하자. 라벨링 작업 역시 아마존 고객과 거래해 본 제조사라면 큰 문제없이 수행하니 걱정하지 않아도 되겠다.

모두 완료 후 우측 하단 Go to shipping queue를 클릭하면 배송 생성이 완료된다.

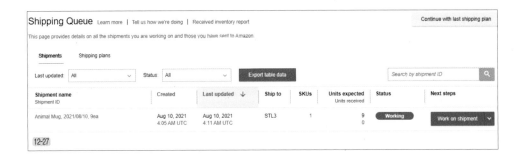

생성한 배송은 셀러 센트럴 메뉴 Inventory → Manage FBA Shipments로 진입하여 Shipping Queue(배송 대기열)에서 확인할 수 있다. 하지만 배송 생성을 완료했다고 그냥 아이템만 보내면 되는 것이 아니고 아이템 발송 후 마무리 작업이 필요하다. 제조사에서 아이템을 발송했다면 Tracking number(운송장 번호)를 요청하여 받도록 하자. 이때 트랙킹은 미국 내륙 운송 트랙킹 넘버를 의미한다. 제품들이 배로 이동하지만 제조사에서 처음 발송을 준비할 때 미국 내륙 운송까지 미리 준비하기 때문에 운송장 번호를 선박 발송 시점에서도 확인할 수 있다. Shipping Queue(배송 대기열)로 진입한 뒤 하단 표 맨 우측 Work on shipment를 클릭한다.

다음 페이지에서 하단부에 Mark as shipped(배송 완료)을 클릭한다. Mark as shipped는 배송을 보냈음을 표시하는 것인데, 수행하지 않아도 정상적으로 입고되지만 아마존 코리아 직원

으로부터 표시하는 것을 추천받은 부분이기 때문에 되도록 수행해주도록 하자.

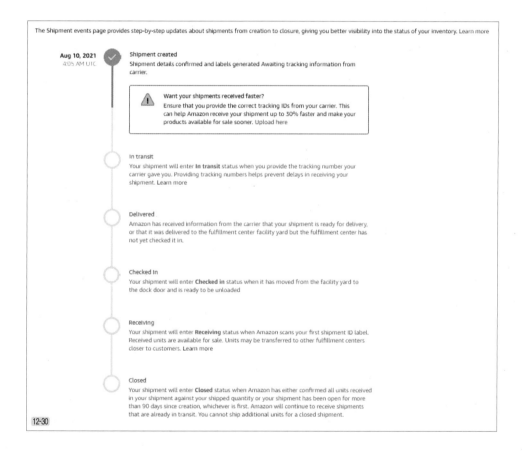

바로 아래 All steps completed 하단부에 있는 Track shipment 옆에 있는 문구를 클릭한다.

Track shipment의 첫 화면 Shipping events이다. 생성한 배송의 현 상태를 알려주며, 배송, 입고에 따라서 업데이트된다.

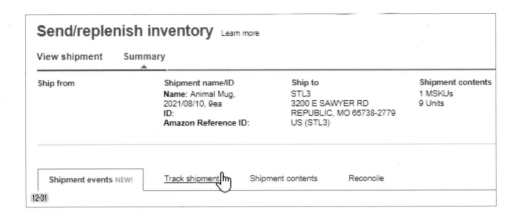

상단 Shipping events 옆에 Track shipment를 클릭해보자.

그럼 이와 같이 Tracking number(운송장 번호)를 입력하는 빈칸이 나온다. 제조사에게 받은 운송장 번호를 빈칸에 전부 입력 후 Save All을 클릭한다.

운송장 번호 저장까지 완료했다면 Shipping Queue(배송 대기열)에서 Status(상태)가

Shipped(배송됨)으로 변경된 것을 확인할 수 있다. 제품이 아마존 창고에 도착하면 Status는 Receiving(수령 중)으로 변경되고, Units expected 아래 Units received(수령 완료된 아이템 수량)에 아마존에서 확인한 수량만큼 수량이 채워지게 되며 Inventory에 판매 가능한 재고가 채워지게 된다. 다만 발송 수량이 많을 경우 한 번에 모든 수량이 확인되는 경우는 거의 없고, 서서히 Units received 및 재고 수량이 채워지게 된다.

아마존 창고 측에서 제품 수령을 완료하면 Status가 Closed로 변경된다. 이때 Units received가 보낸 수량보다 적다면 케이스를 열어 원인 분석을 요청하도록 하자. 아마존의 귀책이라면 보상을 받아야 하고, 아마존에서 받지 못했다고 한다면 제조사에게 이야기해서 다음 주문 때 해당 수량만큼 더 보내달라고 해야 한다. 보통 제조사에서 수량을 적게 발송하기보다는 운송 과정에서 분실 및 파손이 발생할 때가 있는데 이럴 경우 아마존 혹은 제조사에서 운송사에 보상을 받을 수 있기 때문에 미입고된 재고가 있는지 배송 대기열을 잘 확인하도록 하자.

상품 사진 준비하기

정식 제품을 주문하고 해야 할 일이 있다. 바로 간이로 해놓았던 리스팅을 완성시키는 것이다. 알리바바 제조사에서 제품을 준비해서 배로 미국까지 보내는 데에는 시간이 충분하므로 급하게 준비할 필요는 없지만 미리 완성시켜 놓고 판매 준비를 끝내는 것을 추천한다.

필자는 리스팅에서 제일 중요한 것은 사진이라고 생각한다. 검색이 잘 되는 키워드를 제목과 상세 설명에 입력하는 것 또한 중요하지만, 검색 결과에 상품이 노출되더라도 잠재 고객의 클릭을 이끌어낼 만큼 제품 또는 제품 사진이 매력적이지 않다면 결국 구매는 일어나지 않게 된다.

리스팅에는 메인 사진(섬네일)을 포함하여 총 9장의 사진을 사용할 수 있지만 만약을 위해 더 넉넉히 준비하는 것이 좋다. 또한 제품의 용도를 충분히 나타낼 수 있는 사진, 일상생활에 잘 녹아들어 있는 라이프 스타일 사진 등 다양한 사진을 준비하면 좋다.

제품 사진을 준비하는 방법은 크게 2가지가 있는데, 직접 찍는 방법과 업체에 의뢰하여 촬영하는 방법이다. 직접 찍는다고 하여 고가의 카메라가 필요하지 않을까 고민할 필요는 없다. 스마트폰으로 촬영하여 후보정 작업 정도만 해도 충분하다. 필자도 스마트폰으로 촬영하는데, 제품이 실생활에서 쓰이는 모습이나 다양한 연출 컷을 만들기 위해 셀프 스튜디오를 이용한다. 2가지 방법을 간단히 소개하고자 한다.

1. 셀프 스튜디오

셀프 스튜디오는 말 그대로 스튜디오에서 셀프로 촬영하는 공간을 뜻한다. 최근 아마존, 스마트스토어 등 개인 셀러들이 많이 생겨나면서 셀프 스튜디오도 많이 운영되고 있다. 가격은 스튜디오별로 다르지만 대략 1시간에 3만 원 정도로 보면 된다. 셀프 스튜디오는 오로지 제품 촬영, 모델 촬영 등 사진 촬영을 목적으로 만들어진 공간이기 때문에 사진을 찍기에는 최적의 장소이다. 스튜디오마다 다른 콘셉트와 소품을 구비해놓았기 때문에 검색창에 셀프 스튜디오를 검색하여 자신과 가깝고 제품 콘셉트에 가장 어울릴 법한 스튜디오를 예약하여 사용해주면 된다(사진: ⓒ 인더블랭크 스튜디오 1~6호점).

13-1

13-5

13-6

13-7

셀프 스튜디오가 익숙하지 않은 독자들의 이해를 위해 필자가 처음 이용했던 곳이기도 하고 아직까지도 가끔씩 이용하는 스튜디오 한 곳에 양해를 구하고 이와 같이 사진을 첨부하였다. 사진들을 보면 알 수 있듯이 각 스튜디오마다 각기 다른 테마를 가지고 있어 자신의 제품에 가장 잘 맞는 곳을 선택하여 사진 촬영을 할 수 있다. 예를 들어 생활 용품이라면 첫 번째~일곱 번째 사진 같은 스튜디오에서 촬영하면 잘 어울릴 것이고, 자연 친화적인 제품이라면 꽃과 풀을 이용하여 촬영할 수 있는 여덟 번째, 아홉 번째 사진과 같은 스튜디오가 잘 어울릴 것이다. 셀프 스튜디오는 한 공간이지만 촬영할 수 있는 요소가 매우 많기 때문에 최대한 많은 스팟에서 제품을 여러 번 촬영하기를 추천한다. 또한 대부분의 스튜디오에는 함께 촬영하면 좋은 소품이 많이 비치되어 있으니 그러한 소품들을 이용하여 촬영하는 것도 좋다.

2. 전문가 의뢰

전문가에게 제품 촬영을 의뢰하는 것 또한 셀프 스튜디오와 마찬가지로 개인 셀러들이 늘어 남과 함께 선택지가 많아졌다. 장점은 역시 잡지에서나 볼 만한 세련된 결과물이다. 의뢰자 가 어느 정도의 콘셉트와 원하는 바를 설명한다면 바라는 사진을 얻을 수 있다. 업체를 고를 때에는 먼저 홈페이지나 SNS를 통해 포트폴리오를 확인하여 본인의 제품을 잘 구현할 수 있 는 곳을 선택해야 한다. 작업 방식과 업체마다 각 특색이 다르기 때문에 업체별로 천차만별인 가격과 함께 고려하여 선택하는 것이 좋다. 검색창에 제품 촬영을 검색하거나, 뒤에 잠시 언 급할 프리랜서 고용 플랫폼인 크몽에서 제품 촬영 전문가를 찾아보는 것도 좋다.

13-10

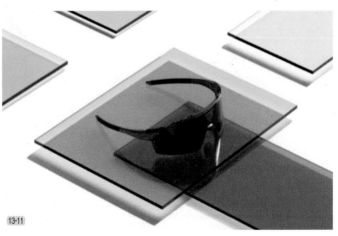

13-11

13-12

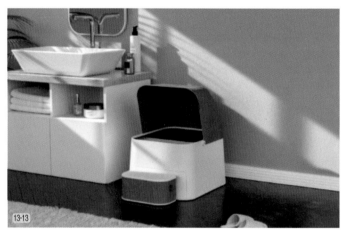

13-13

13-14

13-15

13-16

13-17

13-18

셀프 스튜디오와 마찬가지로 세품 사진 전문 업체인 WANTSHOT의 동의를 얻어 이와 같이 예시 사진을 가져와보았다. 예시로 가져온 작업물은 직접 촬영한 것이 아닌 3D 작업을 통한 결과물이지만 군더더기 없이 깔끔하고 제품을 멋지게 표현해냈다. 전문가가 아닌 개인이 촬영을 통해 이루어내기 쉽지 않은 결과물을 기대할 수 있다.

스튜디오에 의뢰할 수도 있고 어떤 것이든 정답은 없다. 본인의 예산과 원하는 스타일의 사진을 얻을 수 있는 방법을 선택하길 바란다. 제품을 어필하는 데 사진은 정말 중요하지만 그전에 제품 자체가 좋아야 한다는 사실을 절대 잊지 말기를 바란다.

섬네일의 조건

또한 한 가지 알아둬야 할 것이 있는데, 아마존 규정상 제품의 섬네일은 이와 같이 흰 바탕에 제품만 나와 있는 사진이어야 한다. 그림 13-19의 꽃병은 꽃과 함께 사용하는 제품이고, 다른 상품들도 제품 특성상 다른 오브젝트와 함께 촬영해야 조금이라도 더 소비자들의 눈길을 끌수 있는 제품들이 있겠지만 그래도 규정을 1번으로 여기고 지키길 추천한다.

아마존에서 모든 상품의 사진을 검열하고 관리할 수는 없겠지만, 혹시라도 신고를 당한다면 말이 바뀐다. 확률은 낮겠지만 경쟁사에서 규정 위반으로 신고할 수도 있는 노릇이다. 한창 제품의 랭킹을 상승시키고 있는 와중에 리스팅을 정지당하고 사진을 수정하여 재검토 요청을 받아 리스팅이 재활성되는 동안 순위에 어떠한 변동이 있을지 모른다. 리스팅이 정지되어 있는 동안 팔지 못한 것도 손해지만 랭킹 변화에 따른 향후 모든 잠재 매출이 불안정한 상태로 되어버릴 수 있다.

13-19

이와 같이 흰 바탕에 제품 사진만 나오도록 하는 것은 보통 직접 저렇게 찍기보다는 사진을 촬영 후 제품을 제외한 배경을 날려버리는 작업을 통해서 나오는 결과물이 대부분이다. 이것을 외곽선 추출 작업이라고 한다. 포토샵을 다룰 줄 알아서 직접 작업할 수 있다면 정말 좋겠지만, 필자처럼 포토샵에 능숙하지 않은 독자를 위해 간단히 외곽선 추출 작업을 할 수 있는 방법과 전문가에게 의뢰하는 방법을 소개한다.

1. Remove.bg

13-20

https://www.remove.bg/ko

첫째로 Remove.bg에서 아주 간단한 방법으로 외곽선 추출 작업이 가능하다. remove.bg로 접속한다.

이와 같이 제품이 나온 사진(뒷배경이 단순할수록 외곽선 추출이 자연스럽게 작업될 확률이 높다)을 우측 이미지 업로드를 눌러 선택하거나 드래그한다.

이와 같이 배경이 제거된 제품 사진만 따로 저장할 수 있다. 그냥 다운로드를 해도 좋지만 회원 가입을 하고 HD 다운로드를 하여 고화질로 사진을 저장하면 더 좋다.

2. 크몽

https://kmong.com/

제품 특성상 자동으로 외곽선 추출 작업이 잘 안되거나 더 깔끔하고 전문가가 보정해준 사진을 원한다면 프리랜서 마켓인 크몽을 이용해보는 것도 좋다. '외곽선 추출'이나 속어인 '누끼'로 검색하면 수많은 사진 보정 전문가들이 있기 때문에, 그들의 포트폴리오를 살펴보고 괜찮다 싶으면 작업을 의뢰해도 좋다. 외곽선 추출 작업은 5,000원 정도로 저렴한 편이다. 또한 작업자에 따라서 추가금을 지불한다면 사진 보정까지 같이 작업해줄 수 있으니 참고하길 바란다.

사진 보정 툴 소개 - PhotoScape X

사진을 편집하기 위한 프로그램 PhotoScape X를 간단히 소개하고자 한다. 최고의 사진 편집 프로그램인 포토샵은 유료일 뿐만 아니라 숙련되지 않았다면 사용하기가 어려운 툴이기에 다루기 쉽고 기능도 많은 편인 PhotoScape X를 사용하는 것도 좋다.

http://x.photoscape.org/

검색창에 PhotoScape X를 검색하거나, 위 주소로 접속하여 다운로드 받도록 한다.

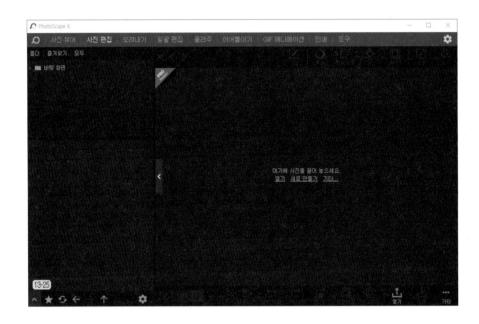

PhotoScape X를 실행하고, 이제 전에 만들어놓은 외곽선 추출 사진에 흰색 배경을 덧붙여 섬네일을 만들어볼 차례다. 아마존에서는 1,000픽셀 이상, 10,000픽셀 이하의 사진 업로드를 원칙으로 하고 있기 때문에 1,000픽셀 이하로 사진 작업을 하지 않길 바란다.

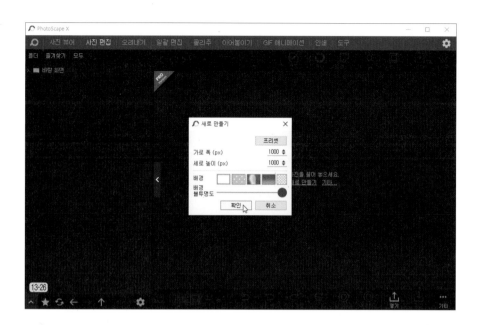

새로 만들기를 누르고 배경이 흰색으로 선택되어 있는지 체크하고 확인을 누른다.

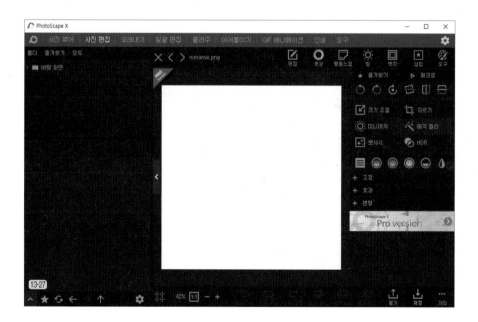

필자는 1,000×1,000픽셀을 입력하였고 이와 같이 정사각형의 흰색 바탕이 생성되었다.

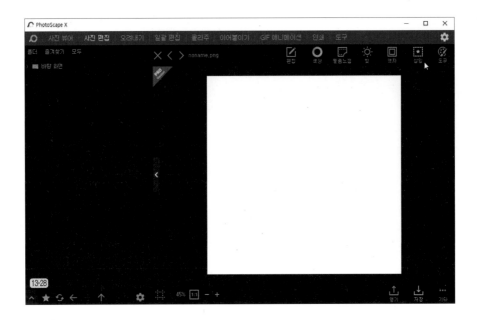

우측 상단에 삽입을 클릭한다.

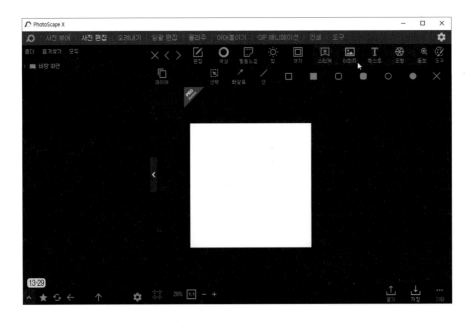

이미지를 클릭하고, 작업해놓은 외곽선 추출 사진을 선택한다.

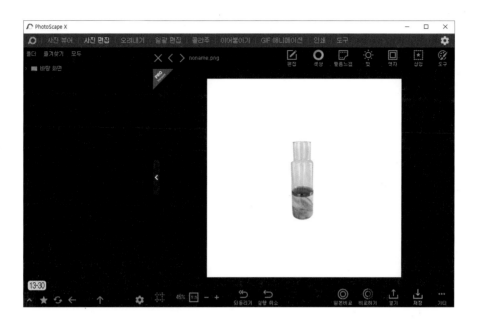

이와 같이 외곽선 추출 작업이 된 사진이 들어온다.

섬네일은 마켓상에서 생각보다 작게 표시되기 때문에 흰색 바탕을 꽉 채워준다는 느낌으로
제품 사진을 확대하여 채워준다.

외곽선 추출 작업을 직접 하지 않고 전문가에게 의뢰하는 경우, 섬네일 작업을 직접 하시 말고 1,000픽셀 이상의 정사각형 흰색 바탕에 제품을 크게 채워달라고 요청하면 된다. 이렇게 하면 섬네일은 준비가 완료된다. 나머지 상세 사진은 셀프 스튜디오 혹은 전문가에게 의뢰해서 준비하면 된다. 셀프 스튜디오 촬영으로 제품 사진을 준비한 독자들을 위해서 PhotoScape X에서 손쉽게 사용할 수 있는 보정 방법 몇 가지를 추가적으로 소개한다.

1. 수평 맞추기

제품 사진을 촬영하고 나서 PC로 옮기고 보니 사진 수평이 맞지 않는다면 간단하게 수평을 맞춰줄 수 있다. 사진을 불러오고 우측 상단에서 수평 맞추기를 클릭한다.

아래 각도 부분을 조절하면 점선을 활용하여 수평에 가깝게 맞출 수 있다. 수평을 맞춘 후 적용을 눌러주면 된다.

2. 매직 컬러

다음은 PhotoScape X의 또 다른 유용한 기능인 매직 컬러 기능을 알아보려 한다. 매직 컬러는 자동으로 색감을 보정해주는 툴이다. 마찬가지로 사진을 불러오고 우측 메뉴에서 매직 컬러를 클릭해주면 된다.

매직 컬러를 선택하면 자동으로 매직 컬러가 조정되며, 보정 정도를 1~100까지 선택하여 원하는 색감으로 맞춰줄 수 있다.

매직 컬러 적용 전 사진

매직 컬러 적용 후 사진

위의 매직 컬러 적용 예시 사진을 보면 알 수 있듯이 몇 번의 클릭으로 아주 간편하게 색감 보정이 가능하다. 꽃과 잎 부분에 생동감이 생기고, 전체적으로 사진이 밝아진 것을 확인할 수 있다.

3. 색감 조정

매직 컬러 보정보다 더 세밀한 색감 보정을 원한다면 상단에 있는 색상 메뉴를 눌러주면 된다.

색상 메뉴를 클릭하면 밝기부터 색조까지 컨트롤할 수 있는 메뉴가 나온다.

필자가 여러 번 사용해본 결과 밝게, 생동감, 어두운 영역 밝게를 사용하였을 때 사진 보정에
가장 도움이 되었다. 독자들은 본인 제품, 배경에 따라 모든 기능을 한 번씩 사용해보고 가장
잘 어울린다고 생각하는 기능을 이용하여 보정하길 바란다. 보정을 마쳤다면 꼭 적용을 클릭
하고 사진을 저장하도록 하자.

PART **4**

상품 리스팅과
광고

|14|

리스팅

이번 장에서는 지난번에 했던 간이 리스팅을 완성해볼 차례다. 리스팅을 완성하기 위해서는 이전에 제대로 입력하지 않았던 제품 타이틀, 설명, Search Terms(검색 단어 : 보통 제품 및 설명에 입력한 키워드를 아마존에서 검색 시 상품이 노출되고 있지만 제목이나 설명에 추가하지 못한 키워드가 있다면 Search Terms에 넣어줌으로써 검색 시 노출을 유도할 수 있다) 그리고 준비해놓은 제품 이미지를 업로드해 줄 것이다.

영어를 하지 못하여 제품 타이틀과 설명 작성을 걱정하는 독자들도 있겠지만 본인이 판매하고자 하는 카테고리의 베스트셀러 제품의 타이틀과 제품 설명을 바탕으로 작성하는 방법과 아마존 리스팅 전문가에게 의뢰하는 방법 둘 다를 알아볼 테니 너무 걱정하지 말도록 하자.

본격적인 리스팅 작업에 앞서 제목, 상세 설명 등의 명칭을 한번 짚고 넘어가도록 하겠다.

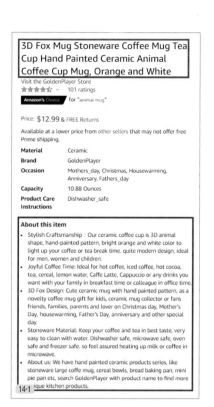

위 사진은 아마존닷컴에서 제품을 검색한 후 한 상품을 클릭하여 상품 상세 페이지로 진입했을 때 제품 사진 바로 옆에 표시되는 부분으로 빨간색 박스가 Product Name(상품 제목)이고 아래 파란색 박스가 Key product features(주요 제품 기능)이다. Key product features는 주로 Bullet point(불렛 포인트)라고 불리며 고객이 제품을 클릭했을 때 바로 볼 수 있는 제품 사진과 함께 제품에 대해 이해할 수 있는 짧은 글이기 때문에 중요한 부분이라고 할 수 있다.

Product description

Color: Ceramic

PERFECT GIFT FOR YOUR BESTEST FRIEND! - Looking for a perfect gift for your favorite person? We all know how busy life can get,stop searching and you can found birthday, Christmas, and Valentine's Day gift ideas on our store.

STURDY AND DURABLE TOP QUALITY DESIGN - Your mug is made from only the best ceramic, available with a top quality handle, Microwave and dishwasher are not recommended due to the special, heat-sensitive coating that gives this mug its magic.The eye-catching designs are printed on both sides of the mug in easy to read and attractive styling.

SHIPPING INFORMATION: Please allow up to 3-5 business days for production of your item, prior to shipment. You will receive a tracking number when your order ships.Delivery times will vary based on your countries policies.

SHIPPING PACKAGE: Mug will come packaged carefully and shipped to you in a sturdy form fitting,arrive safely and on time or your money back, no questions asked.

RETURN POLICY: You may return any unopened, unused item in original condition with original packaging shipped by us for a refund within 15 days of receipt. If you wish to request a return, please ensure you contact us within 7 business days of delivery.

좀 더 아래로 내리면 Product description(상품 설명) 부분인데 앞서 언급했던 것처럼 정식 브랜드 셀러가 아니라면 이렇게 글로만 상품 설명을 할 수 있다. 리스팅 자체는 간이 리스팅 부분에서 생성했고, 제품의 사이즈와 무게도 등록했기 때문에 이번 장에서는 위 3가지를 채워

넣고 검색에 도움이 되는 Search term, 이미지 업로드 작업이 될 것이다.

많은 독자들이 제품 타이틀, 불렛 포인트, 제품 설명 작성을 굉장히 어렵게 느낄 수 있다. 당연하게도 자국어가 아닌 언어로 제품을 설명하자니 막막할 수 있는데, 이럴 때는 타이틀, 불렛 포인트, 제품 설명을 모두 포함한 리스팅 작성을 아마존 리스팅 전문가에게 맡겨보는 방법이 있기 때문에 직접 작성해보기 설명에 뒤이어 설명하도록 하겠다. 외주를 맡기는 방법의 경우 비용이 들어가는 부분이라 작성을 생략할까 했지만, 예전보다 많은 리스팅 전문가들이 생겨 나와 비용이 많이 저렴해진 점, 한번 작업을 맡기고 완성된 작업물을 보면 배울 점이 많아 이후 리스팅을 셀프로 하는 데도 도움이 된다고 판단했기 때문에 설명하게 되었다.

1. 직접 작성해보기

필자는 Mug로 예시를 들어보도록 하겠다. 먼저 본인이 판매하고자 하는 제품의 키워드를 아마존에서 검색하고 첫 페이지에서 이와 같이 Best Seller 딱지가 붙은 제품을 찾아 클릭하자. 베스트셀러가 없을 경우 첫 페이지 상단 부분에서 리뷰가 많은 제품을 고르도록 하자. 베스트셀러나 리뷰가 많은 제품을 선택하는 이유는 노출이 잘 되는 리스팅을 해놓았기 때문에 판매

가 많이 이루어졌을 거라 판단할 수 있기 때문이다. 하지만 독자들은 베스트셀러의 리스팅을 바탕으로 리스팅을 완성하더라도 바로 베스트셀러처럼 본인의 제품이 노출될 수 있다는 생각은 버려야 한다. 어느 쇼핑 플랫폼과 같이 제일 중요한 것은 판매량이다. 처음부터 상단 노출을 하기는 불가능에 가깝지만, 기본적으로 잠재 구매자들이 검색할 키워드나 설명이 없는 리스팅이라면 기회조차 제공되지 않을 가능성이 크다.

타이틀 작성

SUNWILL Coffee Mug with Handle, 14oz Insulated Stainless Steel Coffee Travel Mug, Double Wall Vacuum Reusable Coffee Cup with Lid, Rose Gold

14-4

상품을 클릭하면 이와 같이 판매자가 작성한 제품의 타이틀이 생략 없이 표시된다. 영어가 이해가 안 된다면 역시 파파고를 이용하여 이해하도록 하자.

여기서 SUNWILL은 브랜드명을 나타내므로 본인의 브랜드명을 넣으면 되고, Coffee Mug with Handle 부분은 손잡이가 달린 커피 머그를 나타내므로 본인의 제품에 손잡이가 있다면 그대로 쓰고, 없다면 with Handle을 삭제한 Coffee Mug까지만 남겨두면 되겠다. 14oz는 용량을 나타내므로 본인 제품의 용량을 확인하고 네이버 단위 변환을 이용해 g(그램) → oz(온스)로 변경하여 입력해주면 된다. Insulated Stainless Steel 부분은 절연 스테인리스로 만들어진 것을 의미하므로 본인의 제품은 스테인리스가 아닌 도자기 재질이라면 Ceramic으로 표시해주면 된다. Travel Mug는 여행용 머그를 의미하니 그대로 사용해도 좋다. Double Wall Vacuum Reusable Coffee cup with lid 부분은 뚜껑이 포함되고 재사용 가능한 이중 벽면 진공 컵이라는 의미인데, 특수한 경우의 제품 특징 같으니 Reusable Coffee cup with lid만 가져가고 뚜껑이 없다면 with lid를 삭제해주면 된다. 마지막에는 Rose gold라는 색상이 기입되어 있으니 본인 제품의 색상 혹은 패턴을 입력해주면 된다.

필자는 손잡이가 있는 용량 450g짜리 도자기 재질 흰색 머그컵에 강아지 그림이 있는 제품을
판매한다고 가정하고 해당 리스팅을 바탕으로 작성해보겠다.

ABC Store Coffee Mug with Handle, 16oz

Ceramic Coffee Travel Mug, Reusable

Coffee cup, White Color with Dog

이와 같이 제목을 하나 완성할 수 있다. 상품 설명에 들어가는 키워드 또한 제품 노출에 반영
되기 때문에 상품 제목에 억지로 욱여넣을 필요 없이 가독성이 좋게 만드는 것이 좋다. 독자
들은 판매하고자 하는 제품의 베스트셀러나 리뷰가 많은 제품들로 충분히 연습하여 제목을
완성시켜 주도록 하자. 상위 노출 제품들의 제목 중 본인이 더 매력적으로 느껴지는 단어나
문구가 있다면 다른 제품의 제목과 적절히 섞어주는 것도 좋은 방법이다.

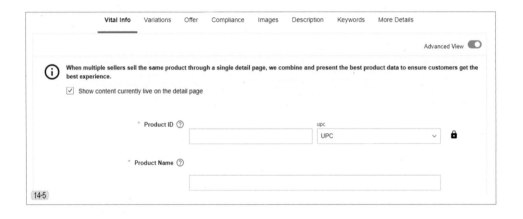

타이틀은 메뉴에서 Inventory → Manage Inventory에서 제품 Edit 클릭 후 Vital Info에서
Product Name 칸에 채워주면 된다. 위 사진과 다르게 다양한 메뉴들이 보이지 않는다면 우측
상단에 Advanced View를 누르면 다양한 메뉴가 표기된다.

Key product features(Bullet point) 작성

위에서 설명했던 것처럼 불렛 포인트는 단시간에 제품 페이지로 들어온 고객에게 구매 욕구를 증진시켜줘야 하는 것뿐만 아니라 검색에도 영향을 주기 때문에 최대한 상품 제목에 써넣지 못한 키워드들을 사용해주면 좋다. 물론 설명을 위해 상품 제목에서 쓴 단어들을 중복으로 사용하는 것은 상관없다. 불렛 포인트에는 수많은 상품 중 왜 이 상품을 구매해야 하는지를 써주면 좋다. 빠른 이해를 위해 아래에는 현재는 판매를 하지 않지만 실제 필자가 사용했던 불렛 포인트를 예시로 가져와보았다. 제품은 벽걸이 거울이다. 북미 고객들에게 친숙한 말투를 쓰고자 노력하여 한국어로 번역했을 때 다소 어색하게 느껴질 수 있는 점 감안해주길 바란다.

- **THE PERFECT SOLUTION:** Looking for a simple and practical way of adding an elegant touch to your entryway? Would you like to enjoy a perfect makeup routine without poor lighting and reflection? This items is exactly what you need!

  완벽한 솔루션 : 당신의 현관에 우아함을 추가해줄 수 있는 간편하고 실용적인 방법을 찾고 계시나요? 싸구려 조명과 반사 없이 완벽하게 메이크업을 할 수 있는 일상을 원하시나요? 이 제품은 바로 당신에게 필요한 것입니다!

  → 첫 번째 불렛 포인트로 집을 간편하게 꾸밀 수 있고 매일 아침 메이크업을 해야 하는 여성 고객을 타깃으로 했다. 본인의 제품이 어떤 용도로 자주 사용하게 될지 고민해보고 질문으로 첫 불렛 포인트를 시작해보아도 좋다.

- **PREMIUM QUALITY MATERIALS:** This gorgeous item is made with superior quality, highly durable wooden frame and features an adjustable length faux leather strap, guaranteed to withstand the test of time.

  최상의 품질 재료 : 이 멋진 제품은 매우 우수한 품질과 내구성을 지닌 나무 프레임으로 제작되었으며, 길이 조절이 가능한 인조 가죽 스트랩이 장착되어 있어 오랜 시간 사용할 수 있습니다.

  → 두 번째 불렛 포인트로 품질을 강조했다. 아이템 선정에서 강조했던 것처럼 뛰어난 품질의 제품을 소싱했다면 품질을 최대한 강조해주도록 한다.

- **EASY MOUNTING:** This round wood mirror comes with an easy to install design, being easy to hang on any type of wall. No special tools required, just a few minutes of your time to finish this DIY project yourself!

간편한 장착 : 이 제품은 설치가 매우 간편하고 어떤 종류의 벽에도 쉽게 걸 수 있습니다. 특별한 도구 없이도 몇 분 안에 DIY 프로젝트를 마칠 수 있습니다!

→ 세 번째 불렛 포인트로 간편함을 강조했다. 자신의 제품 특성상 고객이 어려워할 수 있는 부분이나 걱정할 만한 요소를 찾아 미리 해결해주도록 한다.

- **IDEAL HOME DECOR:** With a classic, ultra-elegant design, splendid white frame and adjustable length, this hanging mirror is the perfect choice for adding a beautiful note to your home decor, for bedroom, entryway, hallway, bathroom or dressing room!

이상적인 집 꾸미기 : 클래식하고 우아한 디자인, 흰색 프레임과 길이 조절이 가능한 스트랩이 적용된 이 벽걸이 거울은 침실, 현관, 복도, 화장실 그리고 드레스룸에 아름다움을 추가하기 위한 완벽한 선택입니다!

→ 네 번째 불렛 포인트로 디자인과 용도를 강조했다. 사실 디자인은 불렛 포인트 바로 옆에 위치한 사진으로 고객에게 만족스러울지는 이미 어느 정도 판단이 된 상황이겠지만 필자는 고급스러운 단어를 사용하여 저 글을 읽는 순간이라도 엄청나게 매력적인 제품이라고 생각할 수 있도록 유도하여 작성해보았다. 그리고 집안 곳곳 사용할 수 있는 모든 곳을 나열하여 다양한 용도를 가진 아이템으로 느낄 수 있도록 하였다.

- **THOUGHTFUL PRESENT:** Order these round mirrors for wall for yourself or as a thoughtful housewarming present for a special friend or loved one, and you can be sure to win their appreciation!

사려 깊은 선물 : 이 제품을 자신을 위해 선물하거나 사랑하는 사람 혹은 친구에게 선물하세요. 분명 그들의 감사를 받을 수 있을 겁니다!

→ 마지막 불렛 포인트로 좋은 선물이 될 것을 강조했다. 아마존에서는 선물을 위한 구매도 굉장히 많이 일어난다. 필자는 이따금씩 올라오는 선물을 위해 구매했다는 리뷰를 통해 느낀 바이다.

주문 시 아마존에 일정 비용을 추가로 지불하면 선물 포장을 해주는 서비스가 있기에 선물 구매도 많은 듯하다. 최고의 선물이 될 것이라는 문구로 선물을 찾아 헤매는 고객에게 어필하는 문구를 작성했다.

불렛 포인트를 작성하는 데에 정답은 없기에 어떤 방식으로 써나가면 좋을지 감을 잡는 데 도움이 되었으면 한다. 필자는 최대한 내용을 꽉 채워넣는 스타일이지만 몇몇 다른 셀러들의 경우 많은 글자 수는 가독성을 떨어뜨리기 때문에 최대한 짧고 간결한 불렛 포인트 작성을 추천하기도 한다.

불렛 포인트는 제품 타이틀과 마찬가지로 잘 팔리는 셀러들의 결과물을 여러 개 살펴보고 차용하여 작성하는 것을 추천한다. 필자의 설명과 잘 쓰인 불렛 포인트들을 내 제품에 맞게 수정하고 디테일을 추가한다면 좋은 결과물이 나올 것이라고 생각한다.

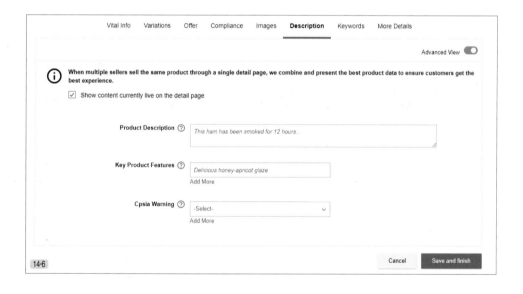

불렛 포인트는 메뉴에서 Inventory → Manage Inventory에서 제품 Edit 클릭 후 Description에서 Key Products Feartures 칸에 채워주면 된다.

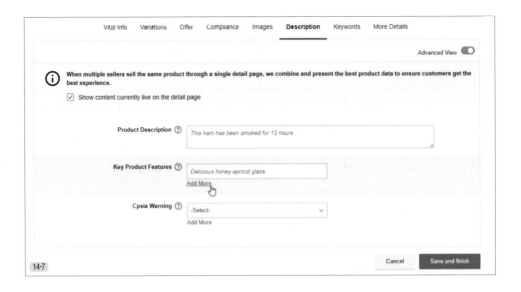

불렛 포인트는 Key Products Feartures 아래 Add More를 클릭하여 5개까지 늘려서 작성할 수 있다. 항상 작성 후 우측 하단에 Save and finish를 클릭하여 저장하는 것을 잊지 말도록 하자.

Product description(상품 설명) 작성

상품 설명의 경우 고객이 아마존에서 제품 검색 후 클릭했을 때 가장 먼저 보이는 제품 사진과 타이틀, 불렛 포인트보다는 스크롤 하단에 위치해 있기 때문에 눈에 잘 띄지는 않지만, 고객이 뒤로 가기를 누르지 않고 상품 설명까지 내려갔을 때는 최소한 구매를 고민하는 단계에 있다고 생각하고 짧고 간결하게 상품의 특징과 장점을 자신감 있게 어필하면 좋다. 이번에도 불렛 포인트 설명 때 사용했던 제품의 상품 설명을 가져와보았다. 상품 설명 역시 영어를 해석한 것이기에 한국어로 번역했을 때 다소 어색하게 느껴질 수 있는 점 감안해주길 바란다.

White Decorative Hanging Wall Mirror

White wall mirror is definitely a must in your home, being a practical and elegant decorative piece for your bathroom, entryway or even bedroom! Made with fine quality wood frame, a clever adjustable leather strap design and easy DIY mounting, this superb round wood mirror will surely surprise you, making an excellent housewarming gift for your loved ones.

You'll fall in love instantly with this deluxe hanging mirror for wall!

상품명

이 거울은 당신의 집 화장실, 현관, 침실을 실용적이고 우아하게 해줄 수 있는 필수품입니다! 좋은 품질의 우드 프레임과, 정교하게 조절 가능한 가죽 스트랩 그리고 간편하게 설치할 수 있도록 만든 이 거울은 당신을 분명히 놀라게 할 것입니다. 또한 사랑하는 사람들을 위한 훌륭한 집들이 선물이 될 것입니다.

당신은 이 멋진 거울과 바로 사랑에 빠지게 될 것입니다!

첫 문장에서 'must'를 사용하여 구매를 망설이고 있을지도 모르는 고객에게 확신을 주고자 하였다. 두 번째 문장에서는 불렛 포인트에서 설명했던 제품의 장점을 다시 한번 설명하고, 마지막으로는 좋은 선물이 될 수 있다는 말로 짧고 간결하게 마지막 어필을 하였다. 다소 짧게 느껴질 수 있지만 이미 여러 장의 사진과 타이틀, 불렛 포인트를 읽는 데 시간을 소요한 고객에게, 이미지가 아닌 텍스트로만 추가적인 어필을 하는 데에는 한계가 있으므로 빠르게 읽을 수 있도록 작성했다. 중요한 설명은 타이틀과 불렛 포인트에 모두 들어가 있기 때문에 상품 설명에서는 이 타이틀과 불렛 포인트를 잘 압축하여 작성해보는 것을 추천한다.

아마존은 원래 상품 설명을 HTML로 작성하게끔 했다. 필자의 상품 설명을 보면 상품명과 맨 마지막 줄은 글씨 굵게를 적용하여 강조한 것을 볼 수 있다. 필자도 처음엔 이해가 안 되었지만 아마존에서는 글씨를 강조할 수 있는 기본 옵션 등을 제공하지 않았기 때문에 HTML을 통해 작성한 것이다. 2021년 7월 말부로 아마존에서 리스팅 시 HTML 사용을 중단시켜 더 이상 사용할 수 없게 되었다. 굉장히 밋밋한 상품 설명이 된다고 볼 수 있겠다. 하지만 브랜드 레지스트리를 한다면 글씨를 굵게 하는 등 자유로운 강조가 가능하고 이미지와 함께 상품 설명 작성이 가능하기 때문에 아마존에서 셀링을 계속할 계획이 생긴다면 브랜드 레지스트리는 꼭 해주는 것이 좋다.

상품 설명은 메뉴에서 Inventory → Manage Inventory에서 제품 Edit 클릭 후 Description에서 Products Description 칸에 채워주면 된다.

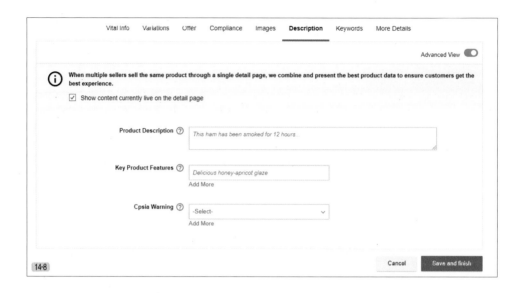

이미지 등록

앞서 설명했던 방식으로 사진 보정이 완료되었고 리스팅에 사용할 사진을 선택했다면 이제 업로드를 해볼 차례. 상품 이미지는 메뉴에서 Inventory → Manage Inventory에서 제품 Edit 클릭 후 Images에서 등록 가능하다.

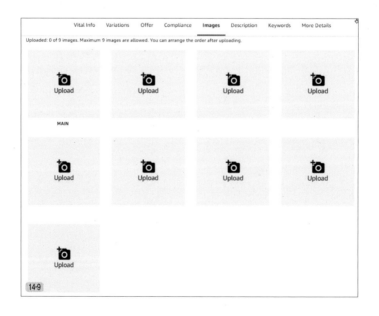

메인 사진(검색했을 때 보이는 사진, 섬네일)을 포함하여 총 9장의 사진을 업로드할 수 있다. 좌측 상단에서 우측으로, 그다음 줄 좌측에서 우측으로 가는 것이 사진 순서이기 때문에 가장 잘 나온 사진 순서로 배치해도 좋고 사진 구성에 따라 배치해줘도 좋다. MAIN이라고 표시된 자리에 메인 사진(흰 바탕 제품 사진)을 넣어주면 된다.

검색어(Search Terms) 입력

아마존에서 고객이 키워드를 검색하면 타이틀, 불렛 포인트, 상품 설명에 해당 키워드가 들어 있는 제품이 검색되도록 되어 있다. 다만 검색어(Search Terms)는 타이틀, 불렛 포인트, 상품에 녹이지 못한 검색어가 있다면 추가할 수 있도록 만들어놓은 것이라고 이해하면 된다. 대부분 중요한 키워드들은 넣을 것이기 때문에 검색어에는 좀 더 넓은 범위로 키워드를 넓혀서 입력해주면 좋다. 또한 문맥상 어울리지 않거나 더 중요한 설명을 해야 했기에 쓰지 못한 단어가 있다면 입력해주는 것도 좋다.

경쟁 상품이 될 다른 상품들의 타이틀, 불렛 포인트, 상품 설명에는 입력되어 있지만 본인의 리스팅에는 해당 단어가 없다면 넣어도 좋을 것이다. 다만 아마존의 제품 노출 특성상 해당 키워드에서 실제로 판매가 일어나고 고객들의 클릭 등 관심이 이어져야 검색 시에도 노출이 된다. 추가 검색어를 입력했다고 하여 노출이 잘 일어나는 것은 아니기 때문에 검색어 자체에 너무 큰 기대는 바라지 않는 것이 좋다. 검색어에 입력을 하였더라도 해당 키워드로 구매가 꾸준히 일어나야 상위 노출 제품으로 가는 아마존의 노출 방식은 변하지 않는다. 이 때문에 타이틀, 불렛 포인트, 상품 설명에 핵심 키워드를 모두 녹였다면 검색어에 부담 갖지 않아도 된다.

| Vital Info | Variations | Offer | Compliance | Images | Description | **Keywords** | More Details |

Advanced View

(i) When multiple sellers sell the same product through a single detail page, we combine and present the best product data to ensure customers get the best experience.

☐ Show content currently live on the detail page

Search Terms (?) [Suggest a change]

14-10

Cancel   Save and finish

검색어(Search Terms)는 메뉴에서 Inventory → Manage Inventory에서 제품 Edit 클릭 후 Keywords에서 입력 가능하다. 입력할 키워드가 여러 개라면 띄어쓰기로 구분해주면 된다.

최대 구매 수량 제한하기

제품 런칭 초기에 할인 등 프로모션을 진행하면 아주 적은 이윤이 남거나 이윤이 없는 경우도 있을 것이다. 당장의 이윤이 적을지라도 랭킹 상승 후에 할인과 광고비가 없이 매출을 유지하기 위한 초기 런칭 작업에서, 한 명의 고객이 할인된 여러 개의 제품을 구매해간다면 손실이 크다. 앞서 설명한 적이 있는 것처럼 구매 개수보다는 구매 건수가 랭킹 상승에 큰 영향을 주므로 한 명의 고객이 다량의 제품을 구매하는 것은 랭킹 상승적인 부분에서 큰 도움은 되지 않는다. 따라서 이러한 상황을 방지할 수 있는 수단이 있는데 최내 구매 수량(Max Order Quantity)을 제한하는 것이다.

최대 구매 수량을 정해서 입력해놓으면 한 고객당 해당 수량을 초과하여 구매할 수 없도록 설정된다. 할인을 하지 않을 때는 제한을 두지 않아도 좋지만, 런칭 초기뿐만 아니라 추후 아마존 프라임 데이 혹은 다른 할인을 진행할 때에도 최대 구매 수량은 2개 정도로 제한하여 안전장치를 해놓는 것을 추천한다. 한 명의 고객이 많은 상품을 싸게 가져갈 경우 금전적 손실뿐만 아니라 재고가 확 줄어버리기 때문에 실적을 올릴 수 있는 판매 건수가 줄어들게 되고 재고 보충 타이밍도 빨라지게 된다. 이러한 점들이 런칭 단계에서는 큰 손실이라는 점을 이해해야 한다.

최대 구매 수량(Max Order Quantity)을 설정하려면 메뉴에서 Inventory → Manage Inventory에서 제품 Edit 클릭 후 Offer에서 입력 가능하다.

발매일 설정

필자는 2~3번째 상품을 런칭할 때까지도 크게 신경을 안 썼던 부분이지만 발매한 지 얼마 안

된 아이템을 더 노출시켜준다는 이야기를 듣고 그때부터는 신경을 쓰는 부분이다. 발매일 설정을 하면 해당 발매일로부터 얼마간은 신상품 특혜를 받아 기존 상품들보다는 아마존에서 노출이 잘되도록 해준다고 한다. 정확한 기간과 정도는 알 수 없지만 신상품의 경우 아무리 검색해도 찾을 수 없을 정도로 아마존에는 많은 상품과 셀러들이 있기 때문에 시도해볼 만하다.

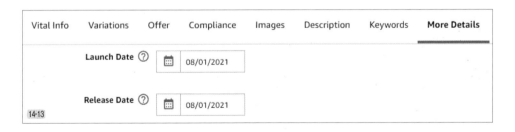

또한 신상품 중에서 판매가 어느 정도 잘 일어나는 상품의 경우 위 사진처럼 아마존에서 'New Release'라는 배지를 부착해준다. 필자의 경험상 New Release 배지는 판매 증가에 아주 큰 영향을 주지는 않지만 그래도 없는 것보다는 나은 것이라고 본다. 또한 아마존닷컴 내에서 인기 있는 New Release 제품들만 따로 모아놓은 카테고리가 있는 것도 도움이 될 수 있다. 하지만 대부분의 고객들이 카테고리 탐색보다는 검색을 통해 구매하기 때문에 New Release 배지를 받았더라도 방심하지 말고 꾸준한 판매를 만드는 데 신경을 써주어야 한다.

| Vital Info | Variations | Offer | Compliance | Images | Description | Keywords | **More Details** |

Launch Date ⑦ 📅 08/01/2021

Release Date ⑦ 📅 08/01/2021

14-13

발매일을 설정하려면 메뉴에서 Inventory → Manage Inventory에서 제품 Edit 클릭 후 More Details에서 입력 가능하다. 제품이 아마존 창고에 도착 완료하여 판매 시작 준비를 모두 마친 시점을 고려하여 Launch Date, Release Date 모두 동일한 날짜를 입력해주면 된다.

이렇게 긴 리스팅 작업은 마무리하게 되었다. 필자가 언급하지 않은 리스팅의 다른 입력 칸들은 입력하지 않아도 무방하다. 다만 리스팅 부분은 아마존에서 옵션이나 디테일을 추가하는 등 변화를 자주 주고 있으므로 매번 확인이 필요하다. 아마 많은 독자들이 리스팅을 굉장히 복잡하게 생각할 수 있지만 두 번째, 세 번째 하다 보면 아주 손쉽고 빠르게 리스팅을 완료하고 있는 자신을 발견할 수 있을 것이다.

2. 리스팅 전문가에게 의뢰하기

필자 나름대로 최대한 간결하게 셀프 리스팅에 대해 설명을 마쳤지만 처음 아마존을 시작하는 독자들에게는 너무 복잡해서 시도하기 두려울 수 있다. 앞서 언급한 바 있는 것처럼 아마존 리스팅 전문가에게 의뢰하여 타이틀, 불렛 포인트, 상품 설명까지 맡길 수 있는 방법을 알아보도록 하겠다. 직접 리스팅을 히기 이렵고 부담스러운 독자들은 최초 상품을 전문가에게 의뢰한 뒤 이후 추가 상품에 대한 리스팅은 전문가 리스팅을 토대로 작성하는 연습을 하는 것도 하나의 좋은 방법이다.

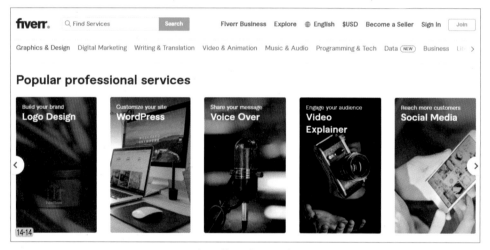

https://www.fiverr.com/

필자는 앞서 국내의 프리랜서 마켓 '크몽'을 언급한 적이 있다. 디자인, 마케팅, 사진/비디오 촬영, 상세 페이지 제작 등 다양한 프리랜서를 고용할 수 있는 마켓이다. 필자가 소개할 fiverr는 크몽의 해외 버전으로 이해하면 된다. https://www.fiverr.com/에 접속하거나 구글에 fiverr를 검색하여 접속하도록 하자. 접속하여 Join을 클릭하면 아주 쉽게 회원 가입이 가능하다.

로그인 후 검색창에 'amazon listing'을 검색해준다.

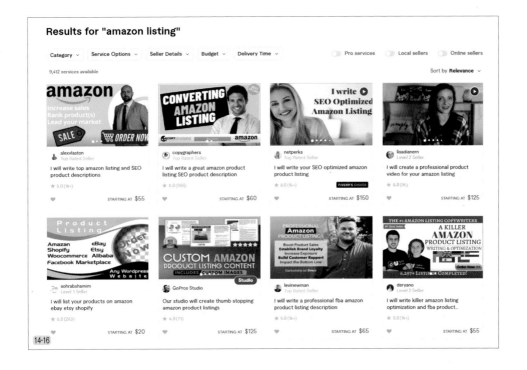

그럼 이와 같이 해당 서비스를 제공하는 프리랜서 혹은 기업들의 검색 결과를 볼 수 있다. 필자가 검색했을 때 9,412명의 제공자가 있다고 하니 전부 다 살펴보기는 힘들 것이다.

필자는 위 사진 기준으로 제일 첫 번째에 있는 전문가(Alexvlaston)와 두 번째 줄 맨 우측에 있는 전문가(Deryano)에게 의뢰한 경험이 있다. 첫 번째 전문가에게는 필자의 아마존 첫 상품을 의뢰하였다. 필자가 첫 번째 전문가를 선택한 이유는 처음으로 리스팅 의뢰를 알아볼 당시에도 해당 전문가는 amazon listing을 검색했을 때 상위에 노출되어 있고 긍정적인 리뷰가 많았기 때문이다. 결과는 2달 정도 만에 특정 키워드에서 1페이지 상위에 노출되어 광고비 지출 없이 꾸준히 판매가 일어나는 필자의 스테디셀러가 되었다.

리스팅이 완벽하다고 하여 모든 제품이 노출이 잘되고 판매가 잘되는 것은 아니지만, 최대한 할 수 있는 만큼은 만들어놔야 판매 향상을 위한 발판을 마련할 수 있다. 필자가 처음 의뢰를 알아볼 당시에는 가격이 $100대에서 고급 옵션을 추가하면 더 비싼 의뢰 비용을 받았었지만 리스팅 전문가가 늘어나고 경쟁이 심화됨에 따라 최근에는 평균적으로 의뢰 가격이 많이 낮아졌다. $50대에서 가성비 좋은 전문가를 구할 수 있으니 꾸준히 아마존 셀러를 해볼 독자들은 참고 및 공부를 위해서라도 한번 정도는 의뢰를 해보는 것을 추천한다.

필자는 첫 번째 전문가 페이지를 통해 의뢰 방법을 설명하려고 한다. 그러나 필자가 첫 번째 전문가와 일면식이 있거나 어떠한 커미션을 받는 것은 아니니 독자들은 오해 없길 바란다. 의뢰 방식은 전문가마다 조금씩 다를 수 있지만 거의 다 비슷하니 검색 결과를 잘 살펴보고 독자들이 마음에 드는 다른 전문가를 선택해도 무방하나. 전문가들의 설명이나 리뷰를 잘 보고 선택하도록 하자.

마음에 드는 전문가를 선택했다면 의뢰 페이지에서 Continue를 눌러준다.

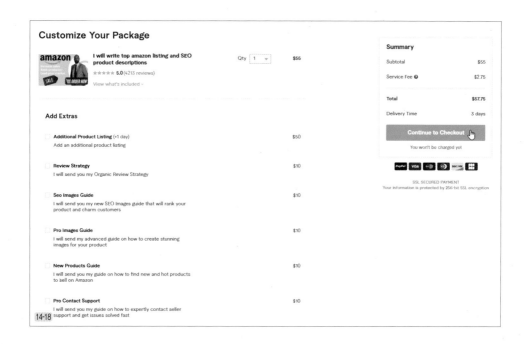

다음으로 넘어가면 여러 가지 옵션을 추가할 수 있는데 제일 첫 번째에 있는 Additional Product Listing 옵션을 선택할 경우 할인된 가격으로 1가지 상품을 추가로 리스팅 요청하는 옵션이다. 추후에 2개 이상의 제품을 런칭한다면 진행해도 좋을 옵션이다. 나머지 옵션은 무시해도 좋다. Continue to Checkout을 클릭한다.

다음으로 넘어가면 결제할 신용카드 정보를 입력해주면 된다. 즉시 fiverr에 의해서 결제 처리가 되지만 전문가로부터 자료를 전달받고 이상이 없을 때 구매자가 확인을 해줘야 fiverr 측에서 전문가에게 결제를 해주는 안전 결제 시스템이다. 결제를 완료해주었다면 의뢰할 상품에 대해서 간략히 설명해주어야 한다. 사진을 첨부하는 것이 베스트이기 때문에 제품 사진을 첨부한 뒤 파파고를 이용하여 간략하게 설명해주면 된다.

혹시 강조하고 싶거나 꼭 들어갔으면 하는 내용 혹은 키워드가 있다면 남겨주는 것도 좋다. 작성 후 제출하면 주문이 완료된다. 3일 내로 이메일이 오지만 간혹 하루 이틀 만에 받는 경우도 있다. fiverr에서 작업물 다운로드 후 직접 작성하기에서 설명한 방법으로 제품 타이틀, 불렛 포인트, 상품 설명을 입력해주면 된다. 단순히 복사 붙여 넣기를 하기보다는 전문가가 어떻게 작성했는지를 공부하고 넘어간다면 이후에 스스로 리스팅을 작성하는 데 큰 도움이 될 것이다.

Listing Quality Dashboard

리스팅 퀄리티 대시보드는 아마존에서 새로 생긴 기능으로, 제품 리스팅을 하며 빼먹은 정보가 있을 때 어떤 정보를 미입력했는지 확인하고 바로 채워넣을 수 있는 기능이다. 혹은 이전에는 없었던 입력 정보를 아마존에서 새로 마련하여 예전에 생성한 리스팅에서는 빠져 있는 정보를 새로 입력할 수 있기도 하다. 입력하지 않아도 무방하지만, 최대한 많은 정보를 입력하는 것이 조금이라도 더 고객들에게 신뢰를 얻을 수 있기 때문에 가끔씩 리스팅 퀄리티 대시보드를 들어가서 빠진 게 있거나 새로 생긴 빈칸이 있다면 가능한 한 모두 채워넣도록 하자.

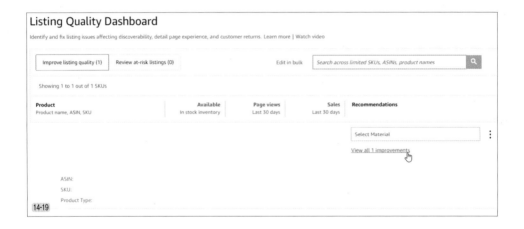

리스팅 퀄리티 대시보드는 셀러 센트럴 메뉴에서 Inventory → Improve Listing Quality에서 확인할 수 있다. 리스팅 퀄리티 대시보드로 진입하면 리스팅 정보를 보강할 수 있는 아이템들이 표시되며, 정보를 모두 입력했다면 표시되지 않는다. Recommendations 아래에 View all improvements를 클릭하면 정보를 바로 입력할 수 있는 창이 생성된다.

Recommendation details ✕

ASIN:
SKU:
Product Type:

All (1)   Improve search results (1)   Add product overview (1)

Material | Select Material | ⋮
                    Specify the primary materials used for manufacturing the item

                                              Cancel   Save and close

14-20

새 창에 리스팅 단계에서 적용되지 않은 정보들을 입력할 수 있다. 예를 들면 재질, 무게, 식기
세척기 사용 가능 여부 등 다양한 리스팅 추가 정보를 입력하게 될 수 있다. 리스팅을 완료하고
며칠 동안은 한 번씩 확인하여 리스팅 보강 추천 제품이 있다면 즉시 입력 후 Save and close를
클릭하여 적용해보고, 모르는 정보가 있다면 제조사에 문의하여 입력하도록 하자.

|15|

광고

이번 장에서는 상품 판매를 위해 꼭 알아야 하는 광고에 대해서 알아보도록 하겠다. 광고라고 하면 최근에 독자들이 많이 접할 수 있는 포털 사이트 광고나 인스타그램 등 SNS 광고 등을 많이 떠올릴 것이다. 인스타그램 같은 경우에는 현재까지도 아마존으로의 링크 연결이 허용되지 않고 있기 때문에 활용하기 어렵다. 페이스북에서는 광고가 가능하지만 효율이 좋지 않은 편이다. 그렇다면 도대체 어디서 광고를 해야 할까?

정답은 아마존에서는 내부에서 활용할 수 있는 다양한 광고들이 있기 때문에 외부 광고를 활용할 필요는 없다. 필자는 페이스북, 구글, 핀터레스트, 쇼피 파이 등 다양한 광고와 채널 확장을 시도해본 적이 있으나 효율이 많이 저조했다. 아마존 내부 광고만을 사용하라고 추천하는 이유는 낮은 효율을 위해 다양한 시도를 하며 소모될 시간을 절약하기 위함이기도 하고 아마존 광고만으로 충분히 판매량을 끌어올릴 수 있기 때문이다. 예외적으로 독자들이 알고 있을 SNS 광고 말고 아마존 판매자만을 위한 Launch는 뒤에서 소개할 예정이다.

1. PPC 광고

광고를 이용한 제품 노출 시 이와 같이 제품 사진 하단에 'Sponsored'가 표시된다.

첫 번째는 아마존에서 제일 많이 사용하게 될 PPC 광고(Pay Per Click : 고객이 광고를 클릭할 때마다 광고비를 지출함)를 소개한다. PPC 광고는 고객이 검색할 키워드에 대해 광고비를 설정해 놓으면 동일 키워드에 대한 광고를 집행한 판매자들 중 가장 높게 광고비를 설정한 판매자의 제품부터 검색 시 상위 노출이 되도록 하게 하는 광고 시스템이다. 예를 들어 '머그컵' 키워드에 대해 A는 클릭당 $1, B는 $1.2를 설정했다면 B가 더 상위, A가 B보다는 하위 노출된다. 클릭당 단가를 Bid라고 하는데, 경쟁도가 심한 제품일수록 광고에 대한 Bid 값이 올라가기 때문에 경쟁이 너무 심하지 않은 아이템을 골라야 하는 또 하나의 이유가 된다.

경쟁도가 심하지 않은(그렇다고 너무 검색량이 적지 않은) 아이템 같은 경우 $1 초중반 내외로 최상위 노출이 가능하다. 처음에는 어떠한 키워드를 가지고 광고해야 가장 광고 효율이 잘 나올지 가늠하기 어렵기 때문에 첫 광고는 키워드를 직접 입력하지 않고 아마존이 자동으로 집행해주는 Auto 광고로 어떤 키워드에서 판매가 잘 이루어지는지 데이터를 수집한 다음, 수

집한 키워드들을 바탕으로 광고를 생성해보는 순서로 진행해보도록 하자. 셀러 센트럴 내의 광고 부분의 경우 브랜드를 등록한 셀러와 등록하지 않은 셀러의 인터페이스가 차이점이 발생할 수 있다. 필자의 경우 브랜드를 등록한 셀러이기 때문에 독자들이 보는 화면과 다소 다를 수 있으나 진행 방식은 동일하기 때문에 당황하지 말고 따라오길 바란다.

❶ Auto 광고 만들기

앞서 언급했던 것처럼 먼저 Auto 광고를 생성하여 아마존이 판매 가능성이 있는 키워드들로 자동으로 광고를 해주도록 한 뒤, 제품이 어떤 키워드로 클릭/판매가 많이 되는지 확인해볼 것이다.

메뉴에서 Advertising → Campaign manager를 들어가준다. 중간쯤 위치해 있는 Create campaign을 클릭한다.

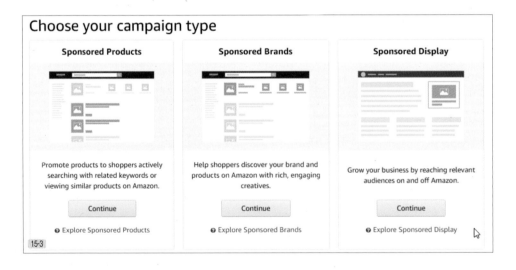

이와 같이 Sponsored Products, Sponsored Brands, Sponsored Display 중 광고 방식을 선택하는 페이지를 볼 수 있다. Sponsored Products는 아마존 셀러를 하는 동안에 계속해서 사용

할 앞서 언급한 PPC 광고를 말한다. Sponsored Brands는 한 가지 제품을 집중적으로 광고하기보다는 브랜드를 앞세워 광고를 하는 것으로 브랜드 인지도와 동시에 브랜드 제품들을 소개하는 방식의 광고이다. Sponsored Display는 고객이 필요한 상품을 구매하고자 검색을 했을 때 여러 가지 상품 목록에 노출되는 것이 아닌, 고객이 검색한 키워드 혹은 고객의 검색, 구매 이력을 분석해봤을 때 Sponsored Display 광고를 실행한 제품에 관심이 있을 것 같다고 아마존 알고리즘이 판단하면 사이드 쪽에 주로 노출해주는 광고이다.

필자는 모든 광고를 시도해보았으나 Sponsored Brands, Sponsored Display 광고는 효율이 좋지 않아 현재는 사용하고 있지 않다. 특히 Sponsored Brands 같은 경우는 어차피 브랜드 셀러만이 실행할 수 있는 광고이기 때문에 독자들은 Sponsored Products 광고를 제외한 2가지는 추후 제품을 늘리고 브랜드 등록을 한 뒤 시도해보아도 좋다. 광고를 생성하는 방법은 Sponsored Products를 다룰 줄 안다면 쉽게 할 수 있으니 필자는 가장 중요한 Sponsored Products를 설명하도록 하겠다. Sponsored Products 하단의 Continue를 클릭한다.

Campaign name은 본인의 '상품명 Auto'로 표기하자. 수월한 광고 관리를 위함이다. Portfolio는 주로 동일한 제품의 여러 가지 광고를 포트폴리오로 묶어 관리하기 위한 기능이다. 제품별로 포트폴리오를 생성해 관리해도 좋고, 지정하지 않아도 상관은 없다. Start 및 End date의 경우 시작날은 당일로 해놓고 End date 경우는 설정하지 않아도 된다. End date를 설정 안 했다고 하여 광고가 영원히 돌아가는 것은 아니고 언제든 광고를 on/off할 수 있다. Daily budget(일일 예산)은 광고에 사용할 하루 예산을 정해놓고, 이에 도달하면 광고가 자동으로 멈추도록 설정하는 것이다. 예를 들어 클릭 한 번당 $1이고 예산이 $15라면 15번 정도의 클릭이 일어날 때 광고가 다음 날까지 예산 초과 상태로 자동 변경되며 꺼지게 된다. 우선 키워드 수집이 목적이기 때문에 며칠간은 일 예산을 모두 소진할 가능성이 크다. 부담되지 않는 선에서 Daily budget을 설정해주자. Targeting은 자동 광고를 할 것인지 혹은 수동 광고를 할 것인지 선택하는 것인데, 자동 광고로 키워드를 수집하여 수동 광고를 생성할 것이기 때문에 Automatic targeting을 선택한다.

아래로 내려보면 Campaign bidding strategy(캠페인 입찰 전략)을 선택할 수 있게 되는데, Dynamic bids - down only는 설정해놓은 클릭당 단가만큼의 비용을 소진할 필요가 없을 때, 자동으로 클릭당 단가를 낮춰주도록 설정하는 방식이다.

예를 들어 클릭당 $1의 광고를 생성했는데 키워드를 검색했을 때 나의 제품이 1페이지 1번으로 광고가 표시되고, 경쟁사인 2번 광고는 $0.9, 3번 광고는 $0.8의 클릭당 단가로 광고를 하고 있다고 가정해보자. 이때 2번 경쟁사가 광고를 off 하거나 일일 예산을 모두 소진하여 광고가 자동으로 종료되었을 때 자동으로 내 광고의 클릭당 단가는 $0.9로 내려가게 된다. 제일 먼저 표시되는 광고는 입찰가가 가장 높다는 의미이고, 2번 광고인 $0.9의 광고가 없어진 시점에서 내 광고가 $0.9로 내려가도 3번 $0.8보다 높은 입찰가이기 때문에 1번으로 노출되는 것은 변함없이 입찰가만 자동으로 하락하게 된다.

Dynamic bids - up and down은 아마존이 광고 제품의 판매 가능성이 높을 때는 입찰가를 올리고 반대의 경우에는 입찰가를 자동으로 내려주는 방식이다. 아마존에서 명확하게 설명해준 기준은 없지만 필자 생각으로는 광고 제품의 판매가 많이 일어나는 시간대와 키워드 검색 고객의 구매 성향 등을 토대로 실행되지 않을까 생각한다.

Fixed bids는 설정해놓은 입찰가 그대로만 반영하도록 하는 방법이다. 같은 입찰가를 입력하더라도 Dynamic bids - down only가 조금이라도 광고 비용을 절약할 수 있으므로 필자 개인적으로 추천하는 방식은 아니다.

이번에는 Dynamic bids - down only를 선택하고 다음으로 넘어가자.

Create an ad group

An ad group is a group of ads sharing the same set of keywords and products. Consider grouping products that fall within the same category and price point range. You can edit your campaign after launch to create additional ad groups in campaign manager.

Settings	❷ Create an ad group

Ad group name ❶

Mug auto

15-6

다음은 광고 그룹을 설정할 수 있는데 '상품명 auto' 정도로 하고 넘어가도록 하자. 그룹명은 언제든 수정 가능하다.

내려보면 Products 부분에서 광고를 실행할 상품을 선택하도록 나온다. 광고를 하고자 하는 상품을 선택하고 Add를 클릭한다.

다음은 입찰가를 입력하는 부분이다. Set default bid 밑에 보면 Suggested bid(추천 입찰가)가 $1.18($0.83-$1.64)로 나오는데, 광고 생성 시간을 기준으로 키워드 검색 시 $1.18은 중간 노출, $0.83은 하위 노출, $1.64은 상위 노출 정도로 이해하면 편하다. 미국 현지 시간 및 경쟁사 광고 현황에 따라 추천 입찰가가 계속해서 변하기 때문에 절대적이지는 않다. 당연하게도 1페이지 상위 노출이 되어 있는 제품일수록 고객의 클릭과 구매 가능성이 높기 때문에 빠른 키워드 수집을 위해 가능한 한 높은 입찰가로 세팅해주도록 하자. 이후 너무 빨리 광고 예산이 초과되어 광고가 off된다면 그때는 입찰가를 하향 조정해주면 된다.

여기까지 모두 입력 후 우측 하단에 Launch campaign을 클릭하면 광고 생성이 완료된다.

❷ Exact, Phrase, Broad 광고 만들기

	Active	Campaigns ❶	Status	Type	Start date	End date	Budget ❶	Spend ❶
		Total: 164						
15-10		tray	Delivering Details ▾	Sponsored Products Automatic targeting	Sep 14, 2020	No end date	$ 10.00 Daily	$127.94

표 좌측 Active 아래에 버튼을 클릭하여 광고를 on/off 할 수 있다.

Exact, Phrase, Broad 광고를 생성하기 앞서 Exact, Phrase, Broad가 의미하는 바를 한번 짚고

넘어가겠다.

- Exact : Animal mug 키워드로 Exact 광고를 생성했다면 고객이 아마존에서 Animal mug라고 검색했을 때 광고가 노출된다. Animals mug, Animal coffee mug 등 광고 설정 키워드와 다르다면 노출이 안 될 수 있다.

- Phrase : 생성한 광고의 키워드 앞뒤에 다른 단어나 수식이 붙는 경우까지도 광고를 노출해준다. 예를 들어 Animal mug 키워드로 Phrase 광고를 생성했다면 Best animal mug, Animal mug set 등 Animal mug 앞뒤로 단어나 수식이 붙는 검색 결과에도 노출된다. Animal printing mug 등 Animal mug의 중간에 단어나 수식이 들어간다면 노출이 되지 않을 수도 있다.

- Broad : 광고 키워드와 연관이 있는 키워드를 검색 시 광고가 노출된다. 마찬가지로 Animal mug 키워드로 Broad 광고를 생성했다면 Animal printing mug, coffee mug with animal 등 넓은 방면으로 광고가 노출된다. 하지만 연관 없는 키워드에서 광고가 노출될 가능성도 있다.

이렇게 간단하게 Exact, Phrase, Broad 광고를 설명할 수 있다. 어떤 광고의 방식에서 광고 효율이 잘 나와줄지는 해보기 전까지는 모르는 것이기 때문에 처음에는 3가지 타입 광고를 모두 진행하고 효율이 나오지 않는 광고는 추후 off해주는 방식으로 가보도록 하자.

Auto 광고를 생성하여 운영하다 보면 그림 15-10의 맨 오른쪽 Spend 금액을 통해서 광고비가 소진되는 것을 확인할 수 있다. 광고비가 소진되고 있다는 것은 고객들이 광고를 통해서 제품을 클릭했다는 것을 의미하기 때문에 주로 어떤 키워드로 검색하고 제품을 클릭했는지 확인하고, 해당 키워드로 세부 광고를 생성해줄 것이다. 처음부터 해당 제품을 지칭하는(예를 들어 머그컵이면 Mug, 화분이면 Vase) 명칭으로 광고를 생성하지 않고 Auto 광고를 돌리는 것이 이해가 안 가는 독자들도 있을 텐데 Mug나 Vase 같은 키워드로 광고하는 것도 당연히 방법이다.

하지만 저런 키워드는 디테일이 들어가지 않은 대형 키워드로 검색량이 매우 많지만 당연히 경쟁 제품들 또한 무수하게 많다. 한마디로 대형 키워드에서 신제품은 매우 경쟁력이 떨어진다는 이야기다. 이 때문에 처음에는 디테일 키워드에서 상위권을 차지하는 것을 목표로 판매해주는 것이 좋다. 예를 들어 동물 그림이 들어간 머그컵이라면 Animal Mug, 유리 화분이라면 Glass vase 등을 말한다. 이렇게 디테일 키워드에서 판매량이 잘 나오고 상위권으로 노출된다면 자연스럽게 대형 키워드에서도 제품을 찾을 수 있게 된다. 하지만 잠재 고객들이 자주 검색하는 디테일 키워드에 대한 정보를 얻을 수 있는 방법이 없기 때문에 Auto 광고를 통해 키워드들을 발견해주는 것이라고 보면 되겠다. 키워드를 확인하기 위해서는 그림 15-10처럼 캠페인을 들어가준 뒤 Campaigns 아래에 있는 캠페인 이름(사진 상 tray)을 클릭해주면 된다.

그럼 표가 하나 더 나올 텐데, Total targets 아래의 - 를 클릭한다.

다음 페이지에서는 좌측 상단에서 Search terms를 클릭해주도록 한다.

Customer search term ❶	▲ Clicks ❶	Spend ❶	Orders ❶	Sales ❶
Total: 377	757	$127.27	15	$344.16
	1	$0.17	-	-
	1	$0.17	-	-
	1	$0.17	-	-
	1	$0.17	-	-

그럼 이와 같이 Customer search term에 고객들이 어떤 키워드로 검색하여 제품을 클릭했는지, 비용은 얼마를 사용했는지, 해당 광고로 주문이 이루어졌는지가 표시된다. Auto 광고를 하면 키워드 광고뿐만 아니라 본인의 제품과 비슷한 제품군의 상세 페이지에서 '이런 제품은 어떤가요?' 식으로 광고를 해주는 방식도 있기 때문에 Customer search term에 여러 제품들도 표시될 수 있다. 표 상단에 Clicks를 클릭하여 클릭 횟수를 내림차순으로 변경해주자.

Customer search term ℹ️	▾ Clicks ℹ️	Spend ℹ️	Orders ℹ️	Sales ℹ️
Total: 377	757	$127.27	15	$344.16
	31	$5.22	-	-
	30	$5.08	-	-
	29	$4.91	-	-
	25	$4.15	-	-

15-14

그럼 Customer search term이 내림차순으로 정렬되어 어떤 키워드로 고객들이 본인의 제품을 가장 많이 클릭했는지 확인할 수 있다. 당연히 판매가 되었다면 베스트겠지만 아직은 판매 초기이기 때문에 당장의 판매량보다는 제품이 판매될 가능성이 높은 키워드에서 노출 수를 늘려서 제품을 구매해줄 고객들을 찾는 데 집중하도록 하자. 클릭 횟수가 5회 미만 등 너무 적은 키워드들은 제외하고 키워드들을 따로 메모해주도록 하자. 효율이 안 나오는 키워드는 추후 광고를 off하면 되니 너무 심각하게 고민할 필요는 없다.

15-15

키워드들을 정리했다면 Create campaign을 클릭하여 광고를 생성하자.

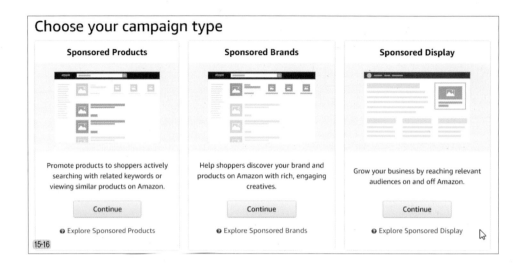

이번에도 동일하게 Sponsored Products를 선택한다.

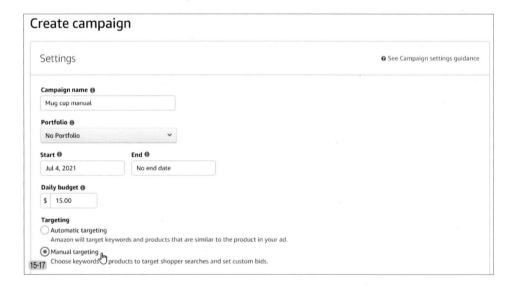

이번에는 매뉴얼 캠페인을 생성할 것이기 때문에 캠페인 이름을 매뉴얼로 표시해주고, 하단에 Targeting은 Manual targeting으로 선택해준다.

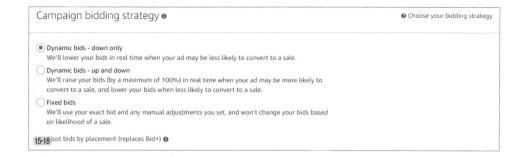

캠페인 입찰 전략은 낭비를 최소화하기 위해 Auto 광고와 동일하게 Dynamic bids - down only로 선택하자.

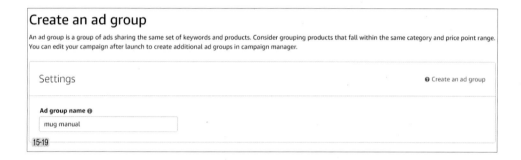

그룹은 상품명 + manual로 표기를 해준다.

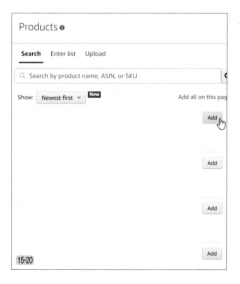

아래로 내려 Auto 광고 때와 마찬가지로 광고를 실행할 제품을 선택해준다.

Targeting에서는 Keyword targeting을 선택한다. 아래에 Product targeting은 위에서 언급했던 것처럼 Auto 광고를 돌리면 본인의 제품과 비슷한 제품군의 상세 페이지에서 '이런 제품은 어떤가요?' 식으로 본인의 제품 광고를 해주는 방식을 말한다. Auto 광고에서 특정 상품을 통한 광고의 효율이 좋은 독자들이 있다면 일단 Keyword targeting을 생성하고 나서 추가로 생성을 시도해봐도 좋다.

아래로 내려보면 Keyword targeting, Suggested에서 아마존에서 제안하는 키워드들을 볼 수 있는데 무시하고 Enter list를 클릭한다.

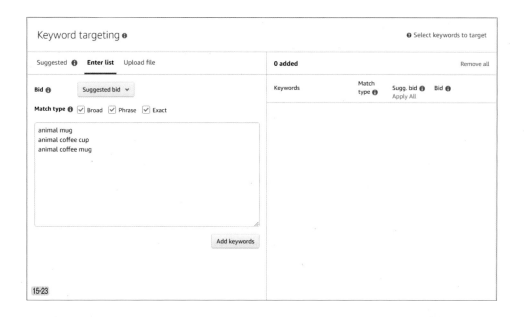

그럼 이와 같이 직접 키워드를 입력할 수 있도록 나온다. 앞서 수집한 키워드를 써넣고 엔터를 눌러 새로운 줄에 입력하는 식으로 하여 키워드들을 입력해주도록 한다. 모두 입력 후 Add keywords를 클릭한다.

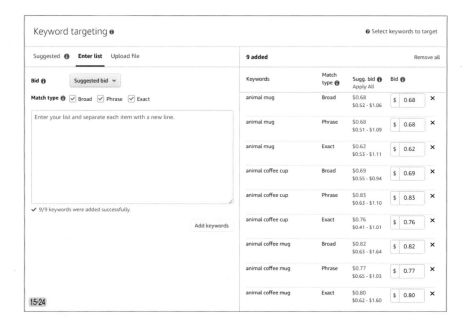

그럼 우측에 키워드들이 Broad, Phrase, Exact별로 삽입된다. 입찰가는 상위 노출을 할 수 있는 구간이면 좋지만 광고비 손실이 클 수 있으므로 추천 범위를 최대한 벗어나지 않는 선에서 입찰가를 세팅해주면 좋다. 우측 하단에 Launch campaign을 클릭하면 광고 생성이 완료된다.

광고 위치 확인하는 방법

광고를 생성하면 빠른 시간 안에 광고가 바로 시작되며 입찰가를 노출 범위 안으로 입력했다면 내 광고가 어디쯤 위치해 있는지 확인해볼 수 있다. 셀러 센트럴이 아닌 아마존닷컴을 접속한 뒤 앞서 설명했던 것처럼 쇼핑 주소지를 미국으로 적용하도록 하자. 필자의 경우 우편번호(Zip code)를 20306 워싱턴으로 변경하여 사용한다.

변경한 뒤 검색창에 본인이 광고를 생성한 키워드를 입력하고 검색해보자.

필자는 animal coffee mug를 검색하였고 위 사진상 맨 왼쪽 제품처럼 Sponsored가 붙은 제품

이 PPC 광고를 이용하고 있는 경우이다. 위 제품은 검색 결과 최상단 좌측에 위치하고 있기 때문에 입찰가가 가장 높은 제품일 것이며 독자들의 입찰가가 가장 높다면 표시될 위치이기도 하다. 스크롤을 쭉 내려서 본인이 광고한 제품을 찾아보도록 하자. 입찰가에 따라서 광고가 같은 페이지라도 상단, 중단, 하단 등 랜덤한 위치에 광고가 표시되기 때문에 페이지 전체를 살펴봐주어야 한다.

입찰가가 높지 않은 편이라면 1페이지에 없을 수 있다. 그럴 땐 하단에서 다음 페이지로 넘어가서 본인의 광고가 어디에 있는지 확인해봐야 한다. 아마존닷컴에서 제품 검색 결과는 보통 7페이지까지 표시된다. 제품은 7페이지 이상으로 무수히 많겠지만 고객의 선택지를 좁게 하여 빠른 구매를 유도하는 전략인지는 모르겠으나 사실 7페이지 이후로 검색되는 결과는 구매가 일어나지 않을 확률이 굉장히 높기 때문에 셀러로서 불합리하다고 느낄 필요는 없다고 본다. 광고를 통해 하루빨리 구매를 만들어내서 랭킹을 상승시키고 언젠가 광고를 쓰지 않아도 자연스레 1페이지 상단에 노출되어 판매가 일어나는 상황을 만들 것을 목표로 해야 한다.

7페이지까지 둘러봤는데도 본인의 제품 광고를 찾을 수 없다면 입찰가를 올려야 한다. 또한 5~6페이지에 광고가 머물러 있더라도 고객이 광고를 보게 될 확률이 낮으므로 입찰가를 조정하는 등 가능한 한 본인의 광고가 어느 정도 입찰가를 사용했을 때 몇 페이지 정도에 노출되고 있는지를 체크하여 입찰가를 올리거나 내리면서 판매가 일어나는지 테스트해보도록 하자.

광고를 사용하지 않은 상태로 판매를 일으키는 것을 올가닉 세일(Organic Sale)이라고 하는데 광고비는 이 올가닉 세일을 위한 투자로 생각해주어도 좋다. 다만 판매가 일어나지 않는 광고비 지출은 큰 부담과 스트레스로 다가올 수 있기 때문에 항상 광고를 들여다보면서 효율이 안 나오는 광고는 off해주고 효율이 잘 나오는 광고의 입찰가를 올리는 등 지속적으로 모니터링 및 테스트를 해주어야 한다.

2. 쿠폰

두 번째로 활용할 수 있는 광고 수단은 쿠폰이다. 쿠폰은 PPC 광고처럼 상위 노출을 시켜주는 광고 방법은 아니지만 판매를 촉진시킬 수 있는 방법이다. 판매량 증가는 곧 광고 없는 상위 노출로 이어지기 때문에 PPC 광고에만 집중하지 말고 다른 여러 가지 방법을 활용하면서 효율이 가장 잘 나오는 광고를 메인으로 삼아 판매를 이어나가도록 하자.

쿠폰을 적용하면 이와 같이 Save 20% 문구처럼 하이라이트된 할인 문구가 표시되기 때문에 고객들의 눈에 띄어 판매를 유도하기 좋다. 위 상품은 리뷰가 하나도 없는 신상품으로 PPC + 쿠폰으로 제품 런칭 초기 작업을 충실히 하고 있다.

쿠폰 생성을 위해서 셀러 센트럴 메뉴에서 Advertising → Coupons로 들어가 준 뒤 Create a new coupon을 클릭해주자.

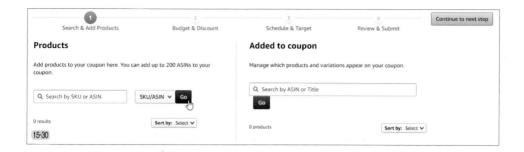

첫 페이지에서 쿠폰을 생성할 제품을 선택하라고 나올 텐데 ASIN을 검색하여 선택해주면 된다.

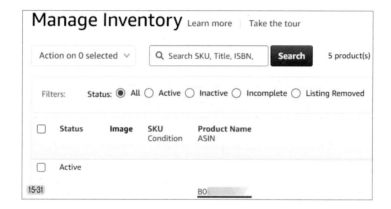

ASIN이란 아마존에서 리스팅을 하면 부여되는 아마존 제품별 고유 식별 코드라고 보면 된다. Inventory → Manage Inventory에서 B0로 혹은 알파벳 + 숫자로 시작하는 ASIN을 확인할 수 있다.

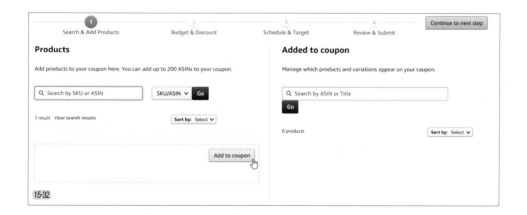

ASIN 검색 후 아래 Add to coupon을 클릭한다.

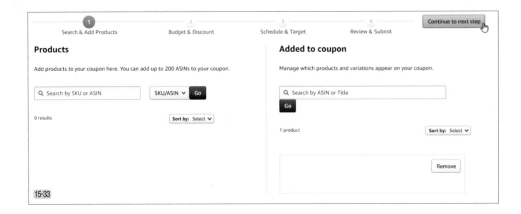

그럼 우측 하단에 선택한 제품이 적용됐음을 확인할 수 있다. 우측 상단에 Continue to next step을 클릭한다.

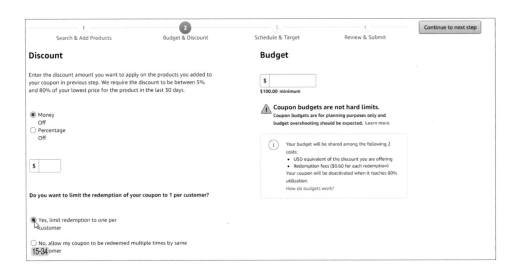

다음으로 넘어오면 할인율과 예산을 선택하는 부분이다. Discount 부분에 $ 단위로 금액 할인을 적용할 것인지, %로 할인을 적용할 것인지 선택한 뒤 입력한다. 현재 최소 적용 가능한 할인율은 5% 이상이므로 고려하여 할인율을 선택하도록 하자. 아래에 'Do you want to limit the redemption of your coupon to 1 per customer?'은 쿠폰 사용을 고객당 1개로 이용을 제한하겠냐는 뜻이다. 한 명이 제품 여러 개를 구매하는 것보다는, 여러 명이 제품을 1개씩 사는 것이 랭킹 상승에 도움이 되기 때문에 이 부분은 'Yes, limit redemption to one per customer(한 사람당 쿠폰 사용을 1개로 제한)'을 선택해주도록 하자. 쿠폰으로 제품이 나가면 비용이 발생하기 때문에 최대한 줄일 수 있는 비용은 줄이고 판매 건수를 올리는 데 집중하도록 하자. 예산의 경우 $100이 최소 예산이라고 표시되는데, 쿠폰은 생성할 때마다 $100로 해주면 된다. 언제든 쿠폰 광고를 중지할 수도 있다.

쿠폰을 사용하여 발생하는 예산 비용의 계산 과정은 다음과 같다.

$$\text{할인 금액} + \text{수수료 } \$0.6$$

예를 들어 할인 금액이 $3인 제품 5개를 쿠폰을 통해 판매를 완료했다면, ($3×5) + ($0.6×5) = $18이 되는 것이다. 예산은 이렇게 계산하게 되며 예산을 $100로 설정했다면 $100이 채워지기 전에 쿠폰 광고가 자동으로 종료된다. 예산은 실제로 지불해야 하는 금액은 아니며, 실제로 지불해야 하는 금액은 1개 판매당 $0.6의 수수료이다. 또한 모든 광고 비용은 셀러가 아마존으로부터 정산받을 비용이 있다면 정산금에서 자동으로 광고 비용을 차감한 후 지급한다. 정산받을 대금이 없을 경우에는 셀러를 가입할 때 사용한 신용카드로 결제된다. 프로페셔널 셀러 비용 또한 마찬가지다. 모두 입력을 완료했다면 Continue to next step을 클릭한다.

다음 페이지는 쿠폰 타이틀, 타깃 고객, 스케줄을 선택하는 부분이다. 쿠폰 타이틀의 경우 고객에게 타이틀이 그대로 노출될지 아닐지 미지수이기 때문에 크게 중요하지는 않다. 본인의 상품 명칭을 넣어주도록 하자. 동물 머그컵이라면 Animal mug. 타깃 고객은 가능한 많은 고객들이 구매한다면 당연히 도움이 되기 때문에 All customers를 그대로 선택해두도록 한다. 쿠폰 스케줄 설정에서 과거 일정은 선택하지 못하도록 아마존에서 자동으로 막아두었기 때문에 진행 가능한 가장 빠른 날짜를 선택하거나 필요한 날짜를 지정해주면 된다. 모두 입력했다면 Continue to next step을 클릭한다.

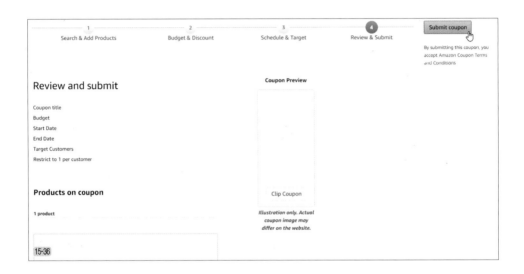

마지막 페이지에서는 본인이 입력한 쿠폰 생성 정보와 Coupon Preview라 하여 쿠폰이 어떤 식으로 표시되는지 예시로 보여주는 확인 페이지다. 한번 확인한 뒤 이상이 없다면 Submit coupon을 클릭한다.

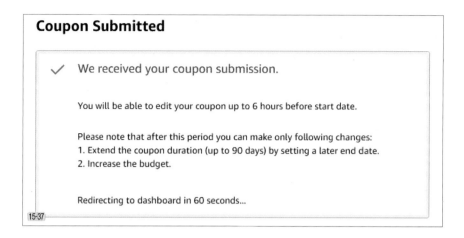

그럼 쿠폰 생성이 완료되었다는 문구가 나온다. 쿠폰 시작 6시간 전까지는 쿠폰 내용을 수정할 수 있고 그 시간 이후로는 쿠폰 스케줄과 예산만 수정할 수 있다는 내용이다.

Advertising → Coupons로 들어가 준 뒤 Submitted를 선택하면 실행 대기 중인 쿠폰을 확인할수 있다. 쿠폰이 실행되면 Running 쪽으로 가게 된다. 이 페이지에서 Spend(앞서 설명했던예산 사용 금액), Clips(고객이 쿠폰을 클릭한 횟수), Redeemed(쿠폰을 사용하여 제품 구매가일어난 횟수)가 표시되므로 쿠폰이 실행되고 나서 지속적으로 모니터링해주자. 쿠폰 사용을멈추고 싶다면 쿠폰 페이지에서 Actions 밑에 있는 Deactivate를 클릭하면 된다.

3. Prime Exclusive Discounts

세 번째는 Prime Exclusive Discounts(프라임 회원 한정 할인)이다. 말 그대로 아마존의 유료멤버십인 프라임 회원에게만 할인을 부여하는 광고 방법이다. 혹자는 어차피 할인을 해줄 거라면 고객 모두에게 할인을 하는 것이 더 효과적이지 않나고 생각할 수 있지만 필자의 경험상 현재 판매되고 있는 상품의 구매자는 대부분이 프라임 회원이다. 프라임 회원 할인을 적용할 경우, 상품에 "프라임 회원에게는 할인 혜택이 주어집니다"라는 문구가 표시된다. 프라임 회원에게는 이 문구가 프라임 회원이 아닌 구매자들과는 다르게 혜택을 받는다는 느낌을 받을 것이고, 구매 욕구를 상승시키는 데에 긍정적인 영향을 줄 것이다. 엄청난 프라임 회원을 보유하고 있는 아마존에서 프라임 회원들의 시선을 이끌 수 있는 방법이기 때문에 적극적으로 활용할 것을 추천한다.

먼저 셀러 센트럴 메뉴에서 Advertising → Prime Exclusive Discounts를 클릭하고, Create Discount를 선택한다.

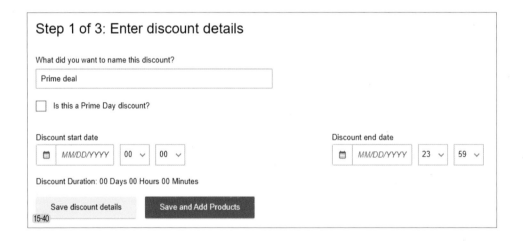

What did you want to name this discount? 에는 본인이 식별할 수 있도록 이름을 편하게 지어주면 된다. Discount start date(할인 시작일)과 Discount end date(할인 종료일)을 설정해준 뒤 Save and Add products를 클릭한다. 참고로 미국(워싱턴 기준)은 한국과 14시간 정도 차이가 있다. 검색을 활용하여 미국 기준 시작일, 종료일을 맞추도록 하자.

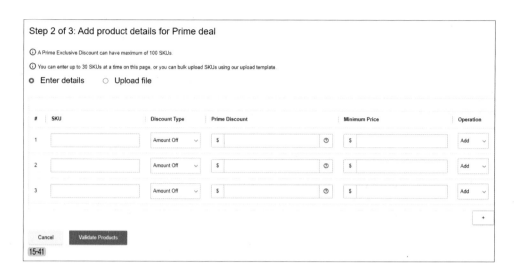

다음으로 넘어가면 어떤 상품에 얼만큼 할인을 할지 설정하도록 나오는데, SKU에는 상품 리스팅을 할 때 설정한 아이템명 SKU를 입력한다(Inventory 페이지에서 확인할 수 있다). Discount Type은 Amount Off(금액 할인) 혹은 Percentage Off(퍼센트 할인) 중 하나를 선택하고 옆 칸에 금액 할인일 경우 몇 달러를 할인해줄 것인지, 퍼센트 할인일 경우 몇 %를 할인 해줄 것인지를 입력하면 된다. Minimum Price는 고객이 타 프로모션이나 쿠폰 등을 사용하여 구매할 것을 염두에 두어 가격 제한을 해두는 것이다. 예를 들어 제품이 $10이고 $1 할인을 걸어놓고 그 이하로는 판매하고 싶지 않을 시에 $9를 입력하면 된다. 모두 입력하고 Validate Products를 클릭한다.

Submit Discounts를 클릭하면 최종적으로 할인 생성이 완료된다.

프라임 데이(Prime Day)

아마존 프라임 데이는 일 년에 한 번 아마존닷컴에서 진행되는 최대 규모 할인 행사로 아마존 유료 회원인 프라임 회원에게만 주어지는 혜택이다.

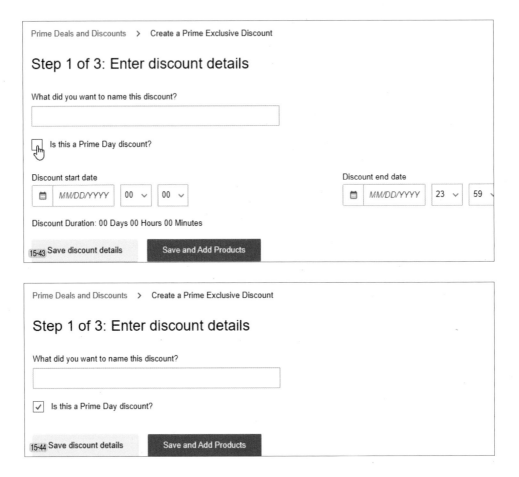

프라임 데이는 매년 일정이 다르기 때문에 정확한 날짜는 매번 확인을 해야 하는데, 아마존에서 메일로 프라임 데이 소식을 보내주므로 메일 확인을 생활화하도록 하자. 프라임 데이를 위한 할인은 Prime Exclusive Discounts(프라임 회원 한정 할인) 생성 방식과 동일하지만 이와 같이 Is this a Prime Day discount?라는 문구가 나오게 된다.

좌측 박스를 체크해주고 동일한 방식으로 할인을 세팅해주면 프라임 데이 기간 할인 행사 신청이 완료된다. 다만 언제나 이용할 수 있는 프라임 할인과는 다르게 프라임 데이에는 최소 20% 이상의 할인율로 제출해야 하는 점을 주의해야 한다. 할인율이 크면 판매 수수료도 줄겠지만 이윤이 큰 폭으로 줄어들 수 있으므로 미리 20% 할인을 진행해도 괜찮을 것인지 파악하고 프라임 데이에 참가하도록 하자. 프라임 데이 동안에는 많은 셀러들이 일일 최대 매출을 낼 수 있다. 그만큼 많은 고객들이 아마존을 이용하므로 20% 할인이 커버된다면 무조건적으로 참여하기를 바란다.

4. Launch

이번에 소개할 런치는 아마존 내부 광고가 아닌 외부 광고 전략이다. 런치는 할인율이 높은 코드를 발급받아서 런치 사이트에 제출하면, 런치 사이트에서 자체적으로 광고를 하거나 구매자를 끌어모으는 등 할인 코드를 이용해 구매를 유도하게끔 하는 방법이다. 런치를 하는 이유는 아주 단순하다. 상품 런칭 초반에는 어떠한 키워드를 검색해도 상품이 잘 검색되지 않기 때문에 많은 판매를 이뤄내기가 쉽지 않다. 런칭을 통해 높은 할인율을 적용한다면 많은 판매가 일어날 가능성이 높고, 며칠간의 많은 판매로 랭킹을 확 끌어올리기 위한 방법이라고 할 수 있다.

필자는 아마존 셀러 초반에는 이 런치라는 것을 몰랐다가 알게 된 후 사용해본 적이 있는데 그때는 효과를 봤다고 생각이 들었기 때문에 독자들에게도 소개하게 되었다. 다만 그 이후로 아마존이 런치를 금지까지는 하지 않았지만, 높은 할인율을 받고 구매한 고객들에게는 리뷰를 쓸 수 없도록 조치하는 등 최근에는 런치의 효능이 떨어진 모습을 보여주고 있다. 또한 아마존에서 공식적으로 발표하거나 공지되지는 않았지만 할인율이 큰 구매 건들에 대해서는 랭킹 상승 효과에 미반영까지는 아니더라도 효과 저하를 시키지 않았나 하는 체감이 든다.

아마존에서는 셀러들의 형평성을 위해 검색 알고리즘 등 여러 가지 정보를 공개하고 있지 않으므로 확답해서 말할 수는 없지만 런치의 효율이 이전보다 떨어진 것은 사실이다. 이 때문에 필자는 런치를 필수적으로 추천하지는 않는다. 진행을 하더라도 높은 할인율을 적용하지 않을 경우 효과가 미미하기 때문에 할인율을 최대 60~65% 정도로 설정하길 바란다. 할인율이 더 높으면 당연히 효과가 더 좋겠지만 그럴 경우 아마존에서 이를 어뷰징으로 판단하여 계정 정지 등의 문제가 발생할 수 있다. 제품 종류나 가격대 등 여러 요인들에 의해 효율이 좋을 수도 있으므로 한번 시도해보고 본인과 잘 맞는다는 생각이 든다면 신제품 런칭 시 사용해도 좋다. 런치 사이트가 몇 개 있으나 가장 대표적인 바이럴 런치로 소개하겠다.

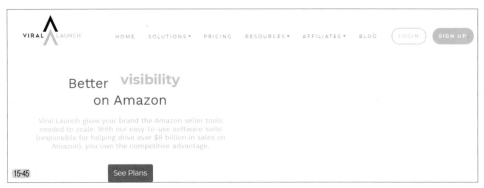

https://viral-launch.com/

https://viral-launch.com/ 혹은 구글에 viral launch 검색 후 웹사이트로 진입하여 SIGN UP을 클릭해 회원 가입을 한다. 매우 간단하게 가입이 가능하다.

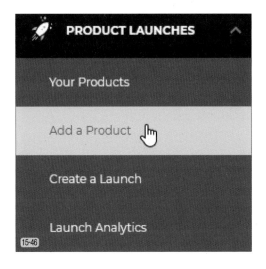

가입 후 로그인하면, 좌측에 메뉴가 쭉 보일 것이다. PRODUCT LAUNCHES를 찾아서 Add a Product를 클릭한다.

다음 페이지에서 Add A Product를 클릭한다.

Add Amazon Product   ✕

Select Brand:

Create New Brand   ⌄

Enter the name for this brand:

Enter the product's Amazon URL:

Add Product   Cancel

15-48

- Enter the name for this brand : 브랜드명을 입력한다.
- Enter the product's Amazon URL : 상품 아마존 주소 입력 후 Add Product를 클릭하면 바이럴 런치에 상품이 등록된다.

상품의 아마존 주소를 확인하는 방법은 셀러 센트럴 인벤토리에서 상품명을 클릭하면 아마존닷컴으로 이동하기 때문에 알 수 있지만 런치에 등록할 주소는 따로 만들어주는 것이 좋다. 특정 키워드에서 랭킹이 상승하려면 고객이 해당 키워드를 검색하고 제품을 클릭하여 구매해야 하기 때문에 URL 클릭 시 해당 키워드를 검색하여 제품을 구매한 것처럼 만드는 것이다. URL을 만들기 위해서는 먼저 인벤토리에서 본인의 제품 타이틀을 복사하여 아마존닷컴에 붙여 넣기 후 검색하고 클릭한 뒤 URL을 복사해 문서 프로그램으로 옮긴다.

https://www.amazon.com/Animal-mug-Set/dp/B000000000/ref=sr_1_1?dchild=1&keywords=Animal+Mug+Set+of+2+%E2%80%93+Deluxe+%E2%80%93+Premium+%E2%80%93+Elegant+Design+B000000000&qid=1626674847&s=home-garden&sr=1-1

주소를 확인하면 이런 식일 텐데 위 빨간색 표기 부분을 식제한 뒤 본인이 넣고자 하는 키워드를 넣으면 된다. 띄어쓰기가 있을 경우 +로 표시해주면 된다. 예를 들어 Animal mug를 키워드로 잡고자 한다면, https://www.amazon.com/Animal-mug-Set/dp/B000000000/ref=sr_1_1?d-child=1&keywords=Animal+Mug&qid=1626674847&s=home-garden&sr=1-1로 변경해주면 해당 URL은 아마존닷컴에서 Animal mug 키워드를 검색하여 진입한 URL이 되는 것이다. 변경 작업 후 인터넷에 URL을 붙여 넣기 하여 정상적으로 제품 페이지로 이동되는지 확인하고 바이럴 런치 URL 칸에 넣어준 뒤 Add Product를 클릭한다.

Add Product를 클릭하면 즉시 바이럴 런치에 상품 등록이 완료된다. 우측에 Purchase Launch를 클릭한다.

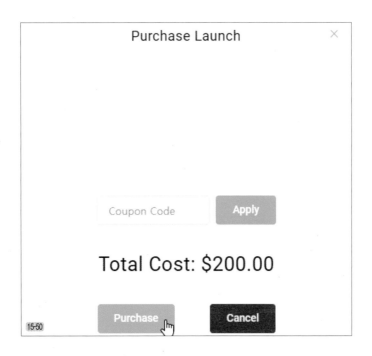

런치는 아쉽지만 할인 코드 행사를 거의 시행하지 않는다. Purchase를 클릭한다.

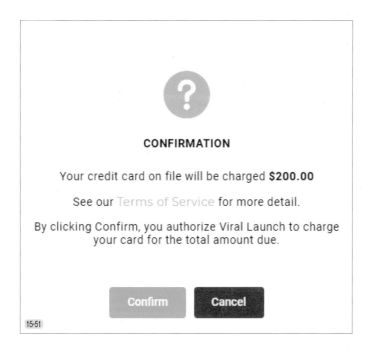

가입 단계에서 신용카드 정보를 등록하지 않았다면 신용카드 정보를 입력 후 Confirm을 클릭하면 결제가 완료되며 런치 구매가 완료된다.

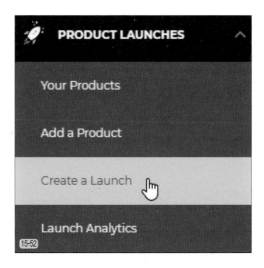

결제를 완료하고 메뉴에서 PRODUCT LAUNCHES → Create a Launch를 클릭한다.

Select Brand와 Select Product를 선택하는 페이지다. 결제를 완료한 제품만 표기되기 때문에 해당 제품을 선택해주면 된다. 다음 페이지에서 15일 동안 쿠폰 수량과 일별로 쿠폰을 몇 개씩 배포할 것인지 세팅할 수 있다. 예를 들어 총 300장의 할인 쿠폰을 배포하고자 한다면 1일 차 20개, 2일 차 20개…15일 차 20개 이렇게 균등하게 설정할 수도 있고 배포량을 점점 늘리거나 줄이는 등 일별 목표 배포 개수를 설정할 수 있다.

런치 초기에는 쿠폰이 잘 나가지만 후반으로 갈수록 점점 쿠폰이 잘 나가지 않으므로 배포량을 점점 늘리는 것도 좋은 방법이다. 하지만 제일 중요한 점은 잠재 고객이 쿠폰을 가져갔다고 하여 100% 구매하는 것도 아니며, 설정한 목표 쿠폰 개수만큼 매일매일 배포할 수 있다는 보장이 없으므로 생각보다도 여유 있게 배포량을 설정하는 것이 좋다. 15일간 200개 판매를 목표로 한다면 1.5배에서 많게는 2배 정도의 수량으로 설정하거나 그 이상으로 하여도 좋다. 혹시라도 목표 판매량을 일찍 달성한다면 언제든 런치를 종료할 수 있다.

할인에 사용될 쿠폰은 직접 생성해주어야 하는데, 방법은 다음과 같다.

먼저 셀러 센트럴 메뉴에서 Advertising → Promotions를 클릭한 뒤 Percentage Off를 선택한다.

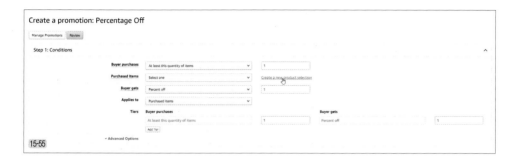

다음 페이지에서 Create a new product selection을 클릭한다.

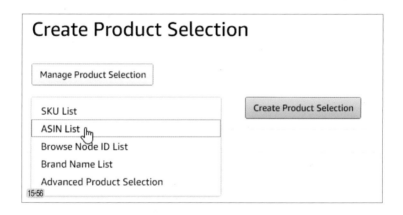

그럼 새 창이 열리는데, Product Selection Type을 클릭한 뒤 ASIN List를 선택하고 Create Product Selection을 클릭한다.

Product Selection Name / Tracking ID와 Internal Description은 생성자에게만 보이는 표시용 문구이기 때문에 알아보기 쉽도록 쿠폰을 생성할 상품명 등으로 작성한다. 하단 ASIN List에

는 쿠폰을 생성할 제품의 ASIN을 입력하고, 좌측 하단에 Submit을 클릭한다.

다시 처음 쿠폰 생성 페이지로 돌아가서 세팅을 마무리해주도록 하자. Buyer purchases는 기본적으로 At least this quantity of items(최소 이 수량만큼) 그리고 우측에 1로 표시되어 있는데, 최소 1개를 살 때 쿠폰을 적용할 수 있도록 한다는 것이다. 기본 옵션 그대로 설정해두도록 한다. 다음은 아래 Purchased Items에서 바로 이전에 새 창을 열어서 생성했던 쿠폰명을 선택한다. 생성되기까지는 몇 분 걸릴 수 있기 때문에 표시되지 않는다면 새로 고침을 하며 확인해주도록 한다. 아래 Buyer gets는 할인율을 선택하는 곳이다. 사진상 percent off 우측 1이 쓰여 있는 곳에 할인을 적용할 %를 입력해주면 된다.

아래로 내려 Scheduling에서는 쿠폰의 사용 기한을 설정해주는 곳이다. 런칭을 위한 쿠폰이라면 런칭 기간에 정상적으로 사용할 수 있도록 기간을 설정해주도록 한다. Internal Description과 Tracking ID 역시 본인이 식별하기 위한 표시이므로 상품명을 적어도 무방하다.

다음은 쿠폰 옵션 선택이다. Claim Code는 Single-use를 선택하고, Claim Code Combinability

는 Unresricted를 선택해준다. 쿠폰 사용에 제한을 최대한 주지 않고 많은 구매를 유도하기 위함이다.

선택 완료 후 좌측 하단에 Review를 클릭한다.

다음 페이지에서는 생성 쿠폰에 대한 요약을 확인할 수 있다. Submit을 클릭하면 생성이 완료된다.

Submit을 클릭하면 이와 같은 문구가 표시되는데, View or modify your promotion을 클릭한다.

코드를 생성하기 위해, Manage claim codes를 클릭한다.

Group Name 역시 식별하기 쉽도록 상품명으로 지정해주도록 하자. Quantity에는 생성할 쿠폰의 수량을 입력하면 된다. 바이럴 런칭에서는 런칭 실행 전 담당 직원이 쿠폰이 쇼핑 시 정

상 적용되는지 확인하기 위해 런칭 목표 수량보다 쿠폰을 1개 더 요구하기 때문에, 런칭 목표 수량보다 1개 더 숫자를 입력하고 Create를 클릭한다.

Create claim code group						^
Group Name	Enter group name					
Quantity	1					
	Create					

1 claim code group						
	Quantity	Creation Date ▾		Requested by	Status	Download
claim code group Animal Hug	301	07/28/2021 12:29 AM PDT			Ready	Download

15-65

그럼 이와 같이 다운로드받을 수 있도록 쿠폰이 생성된다. 메모장 형식이고, 파일을 열어보면 할인 코드가 나열되어 있는데, 런칭 신청할 때 메모장 그대로 파일을 첨부해주면 된다.

16

리뷰

독자들을 포함하여 온라인 쇼핑을 하는 대부분의 고객들은 제품 사진과 가격 다음으로 확인하는 것이 있는데, 바로 리뷰이다. 리뷰의 수량과 별점이 절대적으로 제품 구매 결정에 영향을 주진 않지만 많은 영향을 주는 것 또한 사실이다. 아마존뿐만 아니라 온라인 쇼핑에서 리뷰를 얻는 일은 굉장히 어렵다. 제품이 1개 팔려서 리뷰가 1개 달리면 얼마나 좋겠는가?

하지만 국내의 네이버처럼 판매자의 이윤을 할애해서라도 구매자가 리뷰를 남기면 포인트를 지급받는 시스템이 아마존에는 존재하지 않기 때문에 더 어렵게 느낄 수 있을 것이다. 그렇다고 해서 너무 걱정할 필요는 없다. 현재 리뷰가 수천 개인 제품도 리뷰 0개에서 시작했을 것이기 때문에 독자들도 차근차근 하다 보면 어느새 리뷰가 쌓인 본인의 제품을 볼 수 있을 것이다. 단, 앞서 언급했듯 제품 자체가 좋지 않으면 초반부터 안 좋은 리뷰를 받고 곧바로 판매 저조로 이어질 수 있기 때문에 꼼꼼한 제품 선정이 필요하다.

불과 2021년 초반까지만 해도 ERP(Early Reviewer Program)라는 아마존 내부 유료 리뷰 프로모션이 있었지만 현재는 없어진 상태다. ERP란 리뷰 프로모션을 진행할 상품을 선택 및 아마존에 $60을 지불하면, ERP 신청 직후 해당 제품을 구매하는 고객들 중 특정 고객을 선별히여 아마존에서 리뷰를 남기면 $1~2 아마존 쇼핑에 사용 가능한 쿠폰을 지급한다는 메일을 발송해주는 프로그램이다. 무한정 지원해주는 것이 아닌 ERP로 인한 리뷰가 5개 쌓일 때까지 이 프로그램이 진행되는 시스템이었다. $60이라는 비용이 발생하긴 했지만 합법적으로 가장 빠르게 초반 리뷰를 얻을 수 있는 프로그램이었기 때문에 신상품을 출시하면 무조건적으로 가장 먼저 진행했던 프로모션이고, 독자들에게도 소개하고 싶었으나 2021년 3월 10일부로 서비스가 종료되었다. 몇 년간 잘 운영해오던 이 프로그램을 종료한 이유는 아무래도 2021년 초반부터 부정 리뷰들을 근절시키는 작업을 시작하면서부터 사라진 것으로 보인다. 온라인 쇼핑 상품 특성상 이제 막 판매를 시작한 상품은 리뷰가 하나도 없기 마련이다.

고객들은 별점이 높은 리뷰가 많은 검증된 상품을 구매하는 것을 더 선호하기 때문에 예전부터 아마존에서 조작 리뷰에 강력한 페널티를 부여하고 있음에도 조작이 근절되지 않았다고 판단하여 리뷰를 한번 엎어 버린 적이 있다. 어떠한 기준인지는 모르겠으나 아마존에서 조작이라고 의심되는 리뷰를 모두 지워버린 것이다. 모든 것이 이전에도 언급한 적 있는 악의적인 셀러들 때문이라는 것이다. 독자들처럼 새로 시작해야 하는 셀러들에게 ERP가 없어진 것은 뼈아프지만 필자는 한편으로는 공정성이 전보다 더 확립되어 가고 있다고 보고 있다.

새 상품을 등록했다면 누구나 별점 0개로 시작해야 하는 것이 정상인데, 나의 경쟁사가 나와 비슷한 제품을 비슷한 시기에 판매 시작하였는데 나는 리뷰가 0개이고, 경쟁사는 조작으로 리뷰를 100개 달고 시작한다면 그 누구도 공정하다고 할 수 없을 것이다. 이 때문에 ERP라는 좋은 프로그램이 없어졌다고 하더라도 아마존에서는 조작 리뷰에 대한 관리가 점점 엄격해지고 있기 때문에 독자들은 이전보다도 더욱 공정하게 판매를 시작할 수 있다고 본다. 또한 아마존에서는 리뷰가 쌓이면 쌓일수록 구매 수량 대비 리뷰 수 증가가 더 빠른 것을 느낄 수 있다.

필자가 여러 아이템을 팔면서 매번 확인했던 부분이다. 예를 들어 판매 초기에는 제품 10개를 팔면 리뷰 1개가 달릴까 말까였다면, 리뷰가 어느 정도 쌓인 후부터는 6~7개 판매당 리뷰 1개가 달리는 식이다. 앞으로 설명할 리뷰 요청(Review Request)을 통해 시간이 걸리겠지만 충분히 리뷰를 모아나갈 수 있기 때문에 급하게 마음을 먹어서는 절대 안 되겠다.

Review Request 하기

리뷰 요청을 하기 위해서 셀러 센트럴 접속 후 메뉴에서 Orders → Manage Orders로 들어가 준다.

그럼 위 사진처럼 주문 건에 대한 정보가 나올 것이다. Order status를 보면 Pending(미지급)으로 되어 있는데, 아직 결제가 확정된 것이 아니라는 뜻이다. 그렇다고 주문이 이루어지지 않은 것은 아니고, 대부분의 주문이 결제 후 일정 시간 동안 Pending 상태로 머물렀다가 Payment Complete(결제 완료)로 변경된다. 따라서 당연히 Pending 주문 건은 아직 제품을 발송하기도 전이기 때문에 리뷰 요청을 할 필요가 없다. 그렇다면 결제 완료 상태인 주문 건에 대해서 리뷰 요청을 해야겠지만, 미국 특성상 배송이 며칠 걸릴 수 있기 때문에 최소 발송일 기준 1주일이 지난 주문 건들에 대해서 리뷰 요청을 하는 것을 추천한다. 해당되는 주문건을 찾아서 Order details 하단에 주문 번호를 클릭한다.

Order details로 들어왔다면 우측 상단에 Request a Review를 클릭한다.

Request a Review

We don't require you to request reviews because our systems already do that at no cost to you. It is against Amazon Policy to make repeat requests (per order) for a product review or seller feedback. By using the "Request a Review" feature you agree not to send any additional review requests via buyer-seller messaging.

When you use this feature, we will send the customer an email requesting product and seller reviews for this order. We automatically translate review requests to the customer's preferred language.

Are you sure you want to request a review for this order?

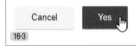

16-3

다음으로 넘어오면 아마존이 이미 자동으로 리뷰 요청에 대한 시스템을 제공한다고 하지만 확실하게 하기 위해 무시하고 Yes 버튼을 클릭한다. 이렇게 하면 고객에게 리뷰 요청이 완료되며, 고객은 이메일을 통해 구매 아이템에 대한 리뷰 요청을 받게 된다.

이메일을 통한 리뷰 요청이 엄청나게 큰 효과가 있는 것은 아니다. 하지만 리뷰에 대해 굉장히 엄격한 관리를 하고 있는 아마존에서 이 방법이 합법적으로 가장 확실한 방법이라고 할 수 있다. ERP가 폐지된 지금, 아마존 셀러로서 할 수 있는 리뷰를 프로모션하는 방법은 이것 하나뿐이라고 보아도 무방하다. 다만, 브랜드를 등록한 셀러에 한해서 Vine이라는 프로모션 방법이 한 가지 더 있는데, 이는 추후 설명하도록 하겠다.

17

정산금을
인출해보자

이번 장에서는 셀러에게서 가장 중요한 정산금을 인출하는 법을 알아보도록 하겠다. 스마트폰 앱을 통해 간편하게 인출이 가능하다. 앱스토어/구글플레이에서 Payoneer를 검색 후 다운로드 받아 주도록 한다.

설치 후 로그인을 하면 이와 같은 페이오니아 앱 인터페이스를 볼 수 있다. 홈에서는 현재 잔

액과 하단에 입출금 내역이 간략히 표시된다.

인출을 하기 위해서는 하단 중앙에 있는 거래 시작을 선택하고, 인출로 들어가준다.

인출로 넘어오면 가입할 때 사용했던 한국 계좌가 자동으로 선택되어 있다. 인출금(USD)에
얼마를 인출할 것인지 채워넣으면 된다.

USD를 입력하고 아래로 내려보면, 페이오니아의 수수료를 포함한 환율이 표시되며, 입금액(KRW)에는 한화로 얼마가 입금되는지 나타난다. 당연하게도 USD 환율이 높으면 같은 USD라도 받는 KRW가 늘어나기 때문에 환율 정보가 있다면 환율에 따라서 정산 일정을 조율해도 좋다. 필자는 환율에 대한 정보가 없는 터라 아마존의 매 2주 정산 시마다 즉시 출금을 하곤 한다. 액수를 확인했다면 검토를 선택한다.

검토를 선택하면 마지막으로 인출할 잔액, 계좌 정보, 환율 및 최종 입금액을 확인할 수 있게 해준다. 하단에 인출하기를 선택하면 인출 신청이 완료되며, 신청 후 빠르면 다음 날 늦어도 평균 2~3일 내에 계좌로 한화를 수령하게 된다.

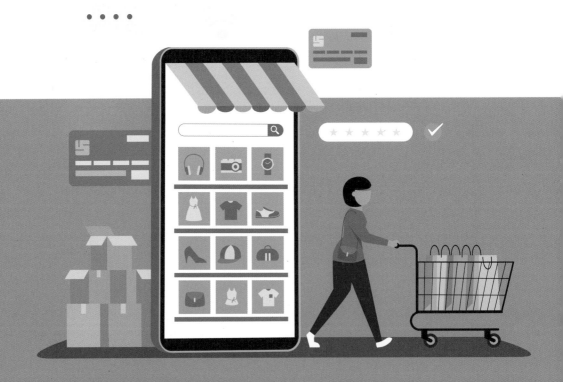

PART **5**

알고 시작하면
큰 힘이 될 정보들

겪을 수 있는 문제점들
미리 알고 피해 가기

이번 장에서는 아마존 셀러를 하며 겪을 수 있는 문제점들을 독자들이 미리 파악하여 대비할 수 있도록 필자가 직접 겪은 문제들과 여러 셀러들이 겪은 문제점들을 소개하고자 한다. 이번 장을 통하여 독자들이 시행착오를 최대한으로 줄였으면 하는 바람이다. 또한 앞서 설명했던 것처럼 대부분의 문제나 궁금증은 케이스를 열어서 한국인 아마존 직원분들에게 해결받을 수 있으니 적극 활용하길 바란다.

케이스를 자주 생성한다고 해서 어떠한 페널티가 부여되는 일은 없으므로 무언가 잘못되었다고 느끼거나 혼자 해결할 수 없는 궁금증이 생겼다면 즉시 케이스를 열어서 도움을 요청하는 것을 습관화하길 바란다. 지금 당장 해결해야 할 급한 일이더라도 우선 케이스를 열어 최대한 상세하게 설명한 후에 혼자서 해결할 수 있는지 방법을 찾아보는 것도 좋다. 케이스를 빨리 생성하여 답변을 최대한 빨리 받고 혹시라도 혼자 해결하지 못하게 된다면 빠른 답변으로 해결에 도움이 될 것이다.

거래처 관리

제일 먼저 알리바바의 거래처(제조사) 관리에 관한 이야기를 해볼까 한다. 첫 번째로 거래를 해본 이력이 있는 거래처이다. 어떤 제조사에서 첫 상품을 주문하였고 그 상품이 성공적으로 런칭되어 지속적인 판매를 이루어내고 있다면 거래가 없는 기간 혹은 중국 명절, 연말/연시 등에 간단한 안부 메시지를 보내는 것을 추천한다. 비록 대면할 일 없는 온라인 비즈니스 관계이지만 이 또한 사람이 하는 일인지라 업무가 필요할 때만 연락하여 딱딱한 관계를 지속하기보다는 우호적인 관계를 형성하는 것이 좋다. 메시지를 주고받는 대상이 높은 확률로 결정권자는 아니겠지만 적어도 실무에 있어서는 우호적인 관계를 맺은 셀러를 우선순위로 처리해줄 가능성이 있다. 예를 들어 재고가 얼마 남지 않아 빠른 재입고가 필요한 상황에서 제조, 포장, 출고 스케줄을 최대한 맞춰주거나, 오랜 거래로 추가 할인을 요청할 때에도 반감 없이 좋은 결과를 얻어 낼 수 있는 가능성이 크다.

또 한 가지 팁은, 판매 물품을 선정할 때 마음에 드는 제품을 발견했다면, 그 제품을 게시해놓은 업체뿐만 아니라 이미 거래를 하고 있는 업체에게도 함께 문의하는 것이다. 비록 거래처에서 해당 제품을 게시하지는 않았어도 제조할 수 있거나 구해줄 수 있을 가능성이 있다. 만약 제조가 가능하거나 합리적인 가격에 소싱이 가능하다면 새로운 거래처를 터서 처음부터 모든 일을 처리하기보다는 거래한 경험이 있는 거래처와 빠른 진행이 가능하다. 혹은 더욱 괜찮은 조건으로 다른 제조사를 소개해줄지도 모른다. 모든 결과가 좋으리라는 절대적인 보장은 없지만 지속적으로 거래할 업체라면 조금 더 신경 써서 관리하는 것이 장기적인 관점에서 셀러에게 큰 도움이 될 것이다.

두 번째로는 첫 시작을 앞둔 독자들에게는 나중 이야기이지만 거래를 끊게 된 거래처 관리 부분이다. 나중에는 상품을 런칭했으나 판매가 지지부진하여 재판매를 하지 않고 멈추게 되는 제품 또한 생길 것이다. 이럴 때는 당연하게도 거래처와의 연락이 불필요해짐으로 연락을 주고받을 일이 없어지겠지만 필자는 독자들이 이러한 거래처와도 최소한의 관계 유지를 했으면 한다.

이 부분은 필자의 경험에 의한 것이다. 필자가 세 번째 제품을 런칭하였을 때이다. 제조사 제품 그대로가 아닌, 디자인 부분에서 필자의 커스텀이 들어간 제품이었고 퀄리티도 괜찮았다고 판단되었기에 꽤나 자신 있었던 제품으로 기억한다. 첫 번째 런칭 상품이 꾸준하게 판매되고 있어 자금이 끊길 우려는 없었고, 자신감이 붙어 있었기에 아마존 창고로 보내는 첫 배송부터 1,000개의 상품을 진행하였는데, 안타깝게도 판매가 부진한 불상사가 일어났다. 포기하기에는 재고가 너무 많았기에 광고비를 태우고 태워서, 그리고 오랜 기간에 걸쳐 300개 정도 판매했지만 남은 700개의 재고를 어떻게 처리해야 할지 막막하기 그지없었다.

필자는 첫 번째 상품이 성공하고, 두 번째 상품이 실패했던 경험을 토대로 2~3달 안에 상품의 성패 여부를 느낄 수 있다고 생각했다. 하지만 필자의 생각은 틀렸다. 오랜 기간이었지만 300개를 판매하며 30~40개 정도의 리뷰가 모였고, 광고 파트에서 설명했던 Prime Exclusive Discounts를 적극적으로 활용하다 보니 런칭한 지 3~4달 이상 훌쩍 지난 상품에도 불과하고 어느 순간부터 판매가 꾸준히 일어나는, 현재 필자에게 없어서는 안 될 상품이 되어버린 것이다. 갑자기 판매가 꾸준히 일어나기 시작했을 때에는, 무언가 일시적이지 않을까 하는 마음에 큰 기대를 하지 않았지만 몇 날 며칠 이어지는 판매를 보고 문득 떠오른 것은 지난날에 몇 번 나에게 안부 메시지를 보냈던 해당 제품의 제조사 담당자였다.

해당 제품 담당자는 제품 1,000개가 아마존 창고에 잘 도착했다는 거래 완료 확인 메시지 이후로, "요즘 어떤가요? 판매가 잘 되고 있으면 좋겠습니다", "별일 없으시죠? 건강 조심하세요." 등의 안부 메시지를 보낸 적이 있었다. 하지만 판매가 잘 되지 않을 당시 필자는 그 담당자의 메시지를 보면 팔리지 않고 까마득하게 쌓여 있을 나의 재고들이 생각나서 괴로운 마음에, 그리고 재주문을 할 일은 없겠다는 마음에 어느 순간부터 담당자의 안부 인사에 답을 하지 않았다. 그런데 뒤늦게 터져버린 제품에 대한 재주문을 해야 했기에 먼저 메시지를 보낼 수밖에 없었다. 당연히 필자는 정중하게 사과한 뒤 재주문을 하게 되었고 한두 번이라도 더 그 담당자에게 안부 메시지를 보내고 있다.

아마존에서의 판매는 언제 어떻게 궤도에 오를지 알 수 없기 때문에 독자들은 필자처럼 난감한 경험을 하지 않았으면 한다. 또한 이전에 주문했던 제품에 대한 거래를 하지 않는다고 하더라도, 신제품에 대한 문의나 해당 거래처의 다른 제품을 주문하게 될 수도 있다.

아마존 창고 입고 지연

판매 중인 제품이 품절되면 즉시 아마존닷컴에서 찾아볼 수 없게 된다. 재고가 없다면 역시 제일 큰 문제는 재입고가 될 때까지 매출을 올릴 수 없다는 점이지만 이것이 끝이 아니다. 바로 랭킹 하락이다. 예를 들어 품절 전에는 아마존닷컴에서 특정 키워드로 검색했을 때 1페이지 상위권에서 노출이 되었다면 품절이 된 동안에는 이 랭킹이 하락하게 된다. 재입고가 되었는데 2~3페이지 혹은 더 멀리 떨어지게 될 수 있다는 뜻이다. 필자의 경험으로 봤을 때 랭킹 하락 자체는 불가피하지만 불행 중 다행히도 랭킹 하락폭이 격하진 않은 편이다.

필자는 여러 가지 사정으로 입고 지연을 경험한 적이 몇 번 있는데, 제일 길었던 기간이 한 달 반 정도였다. 코로나 여파로 온라인몰 수요가 증가하여 아마존 매출이 폭등했던 때가 있었다. 수요가 엄청났기 때문에 아마존 FBA 창고는 대혼란이었고 FBA 창고로 셀러들의 제품 입고가 굉장히 지연되었다. 이때가 모든 셀러들에게도 가장 혼란스러운 시기였고 필자는 거의 넋이 나가기 직전이었다.

그전에는 끽해야 재고가 없어서 판매를 중지한 게 1~2주였지만 그때는 한 달이 넘어가도록 입고 소식이 없고 문의를 해봐야 언제까지 딜레이 될지 알 수 없다는 답변이었다. 재고가 있었던 다른 제품들이 몇 개 있었기에 금전 걱정을 하기보다는 경험하지 못한 기간만큼의 부재로 랭킹이 얼마나 떨어질지가 두려웠던 기억이 난다. 입고가 되었을 때 가장 먼저 메인 키워드를 검색했을 때 몇 페이지에 나의 제품이 나오는가를 확인했는데(품절 전에는 1페이지 상위권이었다) 우려와 달리 2페이지 하위권에 있었다. 1~2주가량 품절이었을 당시에는 1페이지 하위권 정도로 떨어졌던 것을 참고하면 기간이 길수록 랭킹 하락폭이 커지는 것을 알 수 있다.

셀러의 제품이 판매돼야 수수료를 가져가 수익을 낼 수 있는 게 아마존이기 때문에 판매가 많이 되는 제품을 상단 노출시킬 수밖에 없는 것은 일전에 언급한 적이 있다. 하지만 랭킹을 매기는 방식이 아주 단순하게 '판매량'만 가지고 본다면 한 달 반이나 판매 실적이 없는 제품이 2페이지에 머물 수 없다. 감사하게도 아마존에서 어느 정도 감안해주었기 때문에 랭킹 하락폭이 크진 않은 것 같다는 게 필자의 생각이다. 필자는 이를 경험 전까지는 전혀 알지 못하고 한 달이 넘어가는 시점에는 이제 검색해도 내 상품이 아예 나오지도 않을까 걱정하며 잠 못 이루던 때가 있었기에 독자들은 품절을 몇 주 겪더라도 너무 불안해하지는 않아도 된다는 말을 전하고 싶다. 다만 언급했듯이 기간이 길어질수록 노출 순위가 밀리게 되는 경향이 있으므로 최대한 빨리 창고에 도착하도록 해야 한다.

재고 관리

앞서 설명했던 아마존 창고에 지연이 길어질수록 가혹한 페널티를 받을 확률이 늘어나기 때문에 사전에 예방하는 것이 가장 중요하다. 하지만 품절이 우려되어 너무 넉넉하게 입고를 시켜서도 좋지 않다. 재고 관리에서 가장 좋은 사이클은 상품이 거의 다 팔려나가기 직전에 후속 재고가 재입고되게 하는 것이다. 왜냐하면 아마존은 창고에 장기 보관된 제품에게는 추가로 창고비를 요구하기 때문이다.

본인의 재고에 대한 아마존 창고 보관 기간을 확인을 하려면 메뉴에서 Inventory → Inventory Planning → Inventory Age로 들어가보면 알 수 있다. 하단 표의 Inventory Age 부분을 보면 0-90은 아마존 창고에 입고된 지 90일 미만이라는 것을 표시한다. 90일 이내 모든 제품을 판매하지 못하면 91-180으로 넘어가며 장기 재고로 분류될 수 있다. 오랜 기간 모두 판매하지 못해 아마존에서 장기 재고로 분류할 경우 Inventory Age 옆에 주황색 글씨로 표시된 Est. LTSF(Estimate Long-Term Storage Fee : 예상 장기 보관 비용)에 부과될 비용이 표시된다.

따라서 불필요한 지출을 방지하기 위해 너무 빠른 시기에 재고를 재입고시키는 것 또한 좋지 않다. 또한 무수하게 많은 재고를 입고시킨 경우가 아니라면 90일 동안 모두 판매하지 못한 경우 시장성이 좋지 못한 아이템으로 판단하는 게 맞다고 필자는 생각한다. 하지만 앞장에서 언급한 적이 있듯이 필자의 아이템 중 뒤늦게 판매가 활성화된 아이템도 있으므로 독자들 또한 적어도 재고가 모두 소진될 때까지는 PPC 광고와 Prime exclusive discounts를 꾸준히 활용하여 가능한 한 판매를 포기하지 말기를 바란다.

품절 상태를 피하고 판매 중 상태를 유지하기 위해서 가장 먼저 Lead Time(상품 생산에 걸리는 시간)과 대략적인 배송 시간을 파악해놓아야 한다. 이는 첫 주문 시 확인할 수 있는 부분이

기 때문에 기억해놓아도 좋지만 제품이 많아지면 제품별로 소요되는 시간을 혼동할 수 있으므로 엑셀에 정리해놓는 것 또한 좋은 방법이다. 첫 주문 시에 소요되는 기간을 확인했다면 그다음에는 예상 판매 완료 일정을 가늠해보는 것인데, 정확하게 예측할 수는 없는 부분이기 때문에 까다로운 부분이라고 할 수 있다. 하지만 앞서 언급했듯이 장기 재고로 분류되기 전까지는 나름대로 여유가 있다고 판단되는 90일의 기간이 주어지기 때문에 예상보다 조금 일찍 도착해도 큰 무리는 없을 것이다.

한 달 판매량의 개수를 확인하고 일평균 판매수량을 계산하여 앞으로 며칠이면 재고가 품절될 것이라고 간단하게 계산을 한 뒤에 첫 주문 시 확인했던 생산, 배송 시간을 고려하여 예상 판매 완료 시점 전에 창고에 입고 완료되게끔 진행해주면 된다. 다만 중국의 명절이나 공휴일, 휴가 등 변수가 존재할 수 있으므로 항상 여유 있게 제조사에 연락하여 한번 더 확인하는 것을 추천한다. 알리바바 메시지로 주문할 수량을 얘기하고 생산 및 포장 완료까지 얼마나 걸리는지, 미국까지 도착 시간이 대략 얼마나 걸리는지까지 문의하면 예상 일정을 확인할 수 있다.

이후 본인이 계산한 날짜에 Trade Assurance를 통해 첫 주문과 동일하게 주문해주면 된다. 필자는 생산 소요 시간과 배송 시간까지 고려하여 주문했을 때도 때맞춰 입고를 하지 못한 경험이 있는데, 갑작스러운 미국 항구 수입품 증가로 통관이 지연되거나, 아마존 창고에 FBA 물건들이 몰려서 입고가 지연되는 경우였다. 이러한 사항까지 생각하여 모든 날짜를 계산하고도 10~15일 정도는 더 일찍 주문하는 것을 추천한다. 재고가 모두 품절되어 판매 중지가 일어날 경우 랭킹 하락이 있으나 기간이 길지 않다면 큰 손해는 없다고 바로 직전에 언급한 바 있다. 물론 피해가 복구 불가능할 정도의 큰 손실은 아니지만 직접 겪는다면 재고 입고를 기다리는 것이 정말 초조하고 괴롭기 때문에 항상 재고를 확인하여 재입고 일정을 미리미리 수립해놓는 것이 좋다.

제품 무료 제공 요구 고객

Can you send me a sample and I will post an amazing review...

18-2 No response needed

Good morning, you would like to send me a free sample of this product, in exchange for an excellent and good recommendation of the article.

No response needed
18-3

위 사진은 아마존 고객이 필자에게 보낸 메시지들이다. 내용은 좋은 리뷰를 써줄 테니 나에게 제품을 무료로 제공해달라는 내용이다. 처음 이 메시지를 받았을 때에는 별점 5개짜리 리뷰 하나하나가 절실했기 때문에 혹했던 것은 사실이다. 하지만 아마존이 조작된 리뷰에 대해서 엄격하게 제재를 하고 있던 것을 상기시켜 요구에 응하지 않았다. 이런 메시지를 보내는 사람들은 대부분이 셀러들이 리뷰를 필요로 하는 것을 알고서는 무료로 자신이 원하는 제품을 얻으려고 하는 마음가짐이 대부분이겠지만, 만에 하나 경쟁사일 경우를 생각해야 한다.

아마존을 통하지 않고 제품을 제공한 뒤 리뷰를 작성해주는 행위는 엄연한 어뷰징 행위이며 이는 계정 정지까지 이어질 수 있는 사안이다. 아이템을 무료로 가져가고 자진 신고하여 셀러 계정을 위험하게 할 수도 있다는 이야기가 된다. 또한 경쟁사가 아닐지라도 리뷰를 정말로 작성해줄지도 미지수이다. 리뷰를 달아주지 않는다고 하여 컴플레인을 제기할 수 없는 상황이다. 긍정적인 결과를 초래하기 어려운 사안이기 때문에 독자들은 꼭 이와 같은 메시지를 받는다면 아마존에게 즉각 신고를 해주길 바란다. 셀러의 니즈를 악용하는 구매자들을 배척해야 셀러들의 환경 개선에 도움이 될 것이다. 신고 방법은 간단하다.

해당 메시지 좌측 하단에 Report Message를 클릭한다.

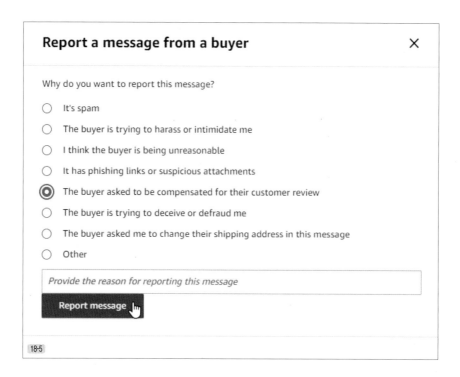

5번째 The buyer asked to be compensated for their customer review(고객이 리뷰에 대한 대가를 요구하였다)를 선택하고, 하단에 Report message를 클릭하면 신고가 완료된다.

다시 한번 강조하지만, 어떠한 경우라도 아마존을 통해 정상적으로 판매를 하고 받는 리뷰를 제외하고 인위적으로 리뷰를 생성시키는 행위는 절대로 하지 않기를 바란다. 가족, 친구의 리뷰까지도 잡아낸다는 전례가 있다. 리뷰 관련 제재가 활성화되기 전까지는 조작으로 리뷰를 많이 끌어모은 셀러들이 있었겠지만 최근까지도 모니터링 및 제재가 강화되고 있는 것은 결국 정직한 판매자들에게는 긍정적인 효과이다. 이는 모든 판매자에게 적용되는 것이기에 진정한 페어플레이를 할 수 있게 된다.

리스팅/계정 정지

리스팅 혹은 계정이 정지를 당하는 이유는 여러 가지가 있다. 필자는 정지를 당한 경험은 없지만 여러 커뮤니티에서 정지와 관련하여 알아본 결과, 정지를 당할 경우 해명 자료 등을 제출하는 등 일이 복잡해지고 정지가 해제되는 기간까지 판매를 할 수 없기 때문에 피해가 크다. 앞서 언급했던 리뷰 조작 같은 경우도 마찬가지다. 큰 페널티가 부여될 수 있으니 절대 시도하지 않기를 바란다. 하지만 필자가 언급했던 주의 사항들, 그리고 상식적으로 통하지 않는 방법을 사용하지만 않는다면 정지로부터 자유로울 수 있다. 추가적으로 정지를 당할 수 있는 사항들을 몇 가지 소개한다.

❶ 상품 설명/사진과 실물이 다른 제품 : 상품 상세 페이지에 나와 있는 상품의 사진, 설명, 구성품 등이 고객에게 실제로 배송된 상품과는 다를 경우이다. 말 그대로 사진과 설명으로 봤을 때 고객이 원하는 제품이라 생각하여 구매하였는데 제품이 사진이나 설명과 큰 차이가 있을 경우에 정지당할 수 있다. 필자는 이런 전례가 있다는 것 자체가 신기했는데 일부 악성 셀러들 혹은 사진을 지나치게 보정한 셀러들이 실제로 정지를 당했다고 하니 독자들은 최대한 제품을 있는 그대로 표현하려고 노력해보도록 하자.

❷ 제품 하이재킹(Hijacking)/가품 : 어떤 브랜드의 모조품을 팔거나 디자인 등 제품의 상당 부분을 카피했을 때 제재를 받을 수 있다.

❸ 지적 재산권 침해 : 제품 사진 혹은 상품 설명글에 타 브랜드의 이름, 로고, 관련 사진 등이 포함되면 안 된다.

❹ 고객 리뷰/신고에 의한 정지 : 정말 드문 경우이지만 고객 리뷰 혹은 신고에 의해 리스팅이 정지당할 수 있다. 예를 들어 고객이 구매한 제품 때문에 막대한 피해를 입었다거나 건강에 위협이 되었다는 등의 리뷰를 썼을 시에도 아마존에서 사실 여부를 확인하기까지 즉각적으로 리스팅을 정지시킬 수 있다.

❺ 품질 관리 위반 : 지속적으로 구매 고객이 불량 제품이나 손상이 있는 제품을 받는 등 품질 이슈가 있다면 리스팅/계정이 정지당하거나 계정 자체가 삭제될 수도 있으니 주의해야 한

다. FBA 셀러들의 경우 미국 내에서 직접 하나하나 검수하여 배송할 수 없기 때문에 제조 공장에서 포장에 많은 신경을 써주어야 한다. 최초 샘플을 요청할 때 미국으로 보내게 될 때의 포장 방법과 동일하게 포장하여 발송해달라고 한 뒤 물건을 받고 검토해보면 된다. 안 정성이 의심되어 개선이 필요할 것 같다면 요청하고, 제조 공장에서 포장이 완료되어 갈 시 점에 사진을 요청하여 다시 한번 포장이 꼼꼼한지 확인해보도록 하자.

고객 배송 사고/지연

아마존에서 판매를 하다 보면 간혹 가다 아이템을 구매한 고객으로부터 배송이 너무 오랫동 안 오지 않고 있다거나 물건이 파손되어 도착했다는 메시지를 받을 수도 있다. FBA 셀러는 FBA 비용을 지불하는 대신 아마존에게 배송과 포장을 일체 맡긴 것이기 때문에 셀러가 배송 지연 혹은 파손 등의 사고를 책임질 필요는 없지만 이러한 내부 상황을 모르는 일부 구매자들 에게서 메시지가 오곤 한다.

이럴 때는 즉시 사과와 함께 아마존에 배송을 위탁했기 때문에 아마존에게 배송 책임 및 교 환/환불 등의 권한이 있으니 아마존으로 문의를 부탁한다고 부드럽게 답변해주면 된다. 택배 의 특성상 간혹 물건이 분실되거나 파손되는 사고가 일어나는 것은 어쩔 수 없고 더군다나 포 장 및 배송 위탁을 맡긴 FBA 셀러로서는 이러한 사고 예방을 하기 더욱 어렵기 때문에 이와 같은 메시지를 받는다면 최대한 빠른 답변을 하여 아마존으로의 연락을 유도하고 부정적인 피드백을 받지 않도록 하는 것이 최선이다.

배송 중 파손이나 아마존의 귀책으로 인한 반품 건은 아마존으로부터 보상을 받을 수 있다. 내역은 다음과 같은 경로에서 확인할 수 있다. 셀러 센트럴 메뉴에서 Inventory → Inventory Planning으로 진입한 뒤 Manage FBA returns를 클릭한다.

Manage FBA returns로 넘어오면 환불 내역이 나오며 우측에는 사유가 같이 표시된다. 위 사진처럼 Carrier Damaged라고 적힌 경우는 배송 기사의 귀책으로 파손된 상품이며 우측에 You were reimbursed라고 표시된 것은 보상을 받았다는 의미다. 이외에도 고객 파손, 불량 등 다양한 반품 사유를 확인할 수 있다.

5665 에러(Error code 5665)

최근 들어 많은 신규 셀러들이 겪고 있는 문제인 5665 에러는 첫 리스팅을 생성했을 때 발생할 수 있는 문제로 힘들게 수많은 리스팅 항목을 완성하여 제출하였으나 에러 문구가 나오며 리스팅이 완료되지 않는 문제다. 이러한 문제가 발생하는 이유는 바로 리스팅을 할 때 사용한 브랜드명 때문이다. 리스팅을 할 때 작성한 브랜드명이 다른 셀러가 사용 중이거나, 정식 상표로 등록되어 있는 브랜드명과 동일하거나 비슷한 경우가 원인이며, 또는 아마존에서 공개하지 않은 어떠한 이유로 5665 에러를 맞이하게 될 수도 있다.

명확한 기준은 제시되지 않았기 때문에 5665 에러에 걸리지 않을 수 있도록 브랜드명을 만드는 방법은 없다고 생각하고 본인이 하고 싶은 브랜드명을 그대로 채택해주면 된다. 다만, 너무 흔하여 누군가가 이미 사용할 수 있을 법한 브랜드명은 피해주길 바란다. 5665 에러에 걸렸다면 브랜드를 입증하여 해결하거나 브랜드가 없이 판매하는 방법 두 가지가 있지만 필자가 처음부터 강조했던 브랜드화를 위하여 노브랜드는 추천하지 않는다.

5665 에러를 해결하기 위한 방법은 제품 혹은 제품 박스에 브랜드 로고가 삽입되어 있다면 해당 사진을 촬영하여 케이스에 첨부하는 것이다. 필자가 독자들에게 설명했던 브랜드 로고가 프린트된 제품 박스를 여기서 사용할 수 있다. 다만 아마도 리스팅을 할 시점에서 제조사에서 브랜드 로고가 프린팅이 된 박스를 완성했을지가 미지수이다. 혹시나 5665 에러에 걸린다면 즉시 제조사에게 연락하여 1개라도 좋으니 서둘러서 브랜드 로고 박스 제작을 완성해달라고

요청하자. 박스 제작이 완료되었다면 제조사에게 제품과 함께 브랜드 로고가 노출된 박스 사진을 요청해도 좋고 샘플을 받아 직접 촬영해도 좋다. 사진은 고화질로 제품과 박스에 브랜드명이 확실하게 보이도록 한다. 사진을 준비했다면 앞서 필자가 언급한 케이스를 열어서 다음과 같이 한국인 아마존 직원에게 문의하도록 하자.

- 제목 : Error code 5665 발생에 대한 문의
- 본문: 리스팅 시 5665 에러가 발생하여 문의드립니다. 제가 리스팅에 사용하였던 브랜드명은 [ABC STORE]입니다. 저의 브랜드를 확인할 수 있도록 사진을 첨부하오니 확인 부탁드립니다.

준비한 사진을 첨부하고 브랜드명은 리스팅을 할 때 사용했던 브랜드명을 정확하게 입력하도록 한다. 사진을 어설프게 준비하지 않았다면 대부분 며칠 이내로 해결 답장을 받고 정상적으로 리스팅을 할 수 있을 것이다.

브랜드 등록

이번 장에서는 브랜드 등록에 대해서 알아보도록 하겠다. 브랜드 등록은 필수가 아니지만 아마존 셀링을 장기적으로 생각하고 있다면 꼭 하는 것이 좋다. 아마존 셀러를 시작함과 동시에 브랜드 등록을 할 필요는 없다. 먼저 첫 상품을 런칭하고 본인이 아마존 셀러를 계속해서 해나갈 수 있을지부터 알아가야 한다. 의욕이 앞서서 시작과 함께 출원 대행 비용을 지불하고 브랜드를 시작했지만 본인과 안 맞을 수도 있기 때문이다. 필자의 의견은 상품을 2~3개 이상 런칭하고 판매를 이어나가는 시점 정도에 진행을 하면 충분하다고 본다. 다만 항상 기억해야 할 것은 브랜드 등록을 하지 않고 판매를 할 때에도 앞서 언급했던 브랜드 로고와 브랜드명을 지속적으로 제품에 사용해주기를 바란다.

정식 브랜드가 아닌데도 브랜드 로고를 쓰고 브랜드명을 쓰는 것은 불법이 아니며 오히려 정식으로 브랜드 등록을 할 때 브랜드 로고를 인쇄한 제품 박스를 이용해 제품을 판매하고 있는 근거 사진이 있으면 출원이 더욱 수월하다. 첫 시작부터 브랜드 로고와 브랜드명을 사용하는 이유는 추후 브랜드 등록의 과정을 수월하기 위한 이유뿐만은 아니다. 몇몇 셀러분들은 본업을 가지고 부업 개념으로 아마존 셀러를 체험만 우선 해본다는 생각으로 브랜드명과 로고를 사용하지 않고 판매하는 경우가 있는데, 하다 보니 생각보다 매출이 괜찮게 나와 뒤늦게 브랜드화를 시도하는 경우도 있다.

이럴 경우 출원 시간이 필자가 추천한 방식보다 지연될 수 있으며 제조 공장으로부터 박스 샘플을 새로 받아 상품 사진도 추가로 찍어야 하고 리스팅도 수정해야 한다. 또한 이미 판매되고 있는 재고는 브랜드 로고가 표시되어 있지 않기 때문에 리스팅 사진을 브랜드 로고가 있는 사진으로 수정할 경우 수정 이전 버전을 받은 고객이 컴플레인을 걸 수도 있는 노릇이다. 이처럼 일이 굉장히 복잡해지기 때문에, 그리고 고객들이 생소하지만 아무런 브랜드가 없는 것보다는 브랜드 제품을 조금이라도 더 선호하기 때문이기도 하다. 독자들은 이점을 명심하고 처음부터 브랜드 셀러의 마음가짐으로 준비하여 시작하도록 하자. 브랜드를 등록하기에 적절한 시기는 따로 없다. 본인이 아마존을 계속해보고 싶은 생각이 든다면 언제든 등록하도록 하자.

브랜드 레지스트리 방법 소개

브랜드 등록을 하기 앞서 출원을 대행해줄 업체/변호사를 찾아야 한다. 미국 특허청에서는 몇 년 전에 미국 외 국가에서 미국에 브랜드 등록을 하려면 미국 변호사를 필수적으로 선임하도록 규정을 발표한 바 있다. 하지만 최근 온라인 셀링이 활성화되면서 한국인 출신 미국 변호사 등 한국어로 편하게 상담할 수 있는 업체/변호사를 찾기 수월해졌기 때문에 걱정하지 않아도 된다. 검색창에 '미국 상표 등록'을 검색하면 꽤 많은 대행사를 찾을 수 있다. 상담을 통해 가격과 출원 시리얼 넘버를 언제쯤 받을 수 있는지를 확인해주면 된다. 가격이 싸든 비싸든 브랜드 등록의 결과는 같기 때문에 비용은 저렴할수록 좋다.

참고로 필자는 50만 원 초반 대에 진행했는데 최근에는 더 저렴하거나 비슷한 업체가 많이 생긴 걸로 안다. 소요 기간의 경우 이전에는 미국 브랜드 등록을 시도하면 완료되기까지 1년~1년 6개월 정도가 소요됐고 이렇게 긴 소요 기간 때문에 아마존 브랜드 등록을 포기한 셀러들도 많았다. 하지만 아마존이 얼마 전부터는 브랜드 등록이 완료되지 않아도 브랜드 셀러를 바로 등록할 수 있게 시스템을 새로 바꾸었다. 바로 출원하자마자 발급받을 수 있는 시리얼 넘버로 브랜드 등록을 즉시 할 수 있도록 한 것이다. 이 때문에 업체/변호사를 찾을 때 가장 중요하게 확인해야 할 사항이 바로 가격과 시리얼 넘버를 받을 수 있는 기간 확인이다.

브랜드 등록이 정식 승인되기까지의 시간이 오래 소요될 뿐이지 출원 자체는 빠른 시간에 처리해주기 때문에 예상보다 빠른 시간에 시리얼 넘버를 넘겨받을 수 있다. 가격과 출원 기간을 확인하고 가장 합리적이고 친절한 곳으로 결정해주면 된다.

대행사를 결정하고 결제하면 필요한 정보 등 요구하는 자료와 질문을 할 것인데 그리 어려운 것은 없으니 걱정하지 않아도 된다. 준비가 끝나면 대행사 측에서 출원을 진행할 텐데 조금 기다리면 곧 시리얼 넘버가 나올 테니 담당자에게 문의하여 바로 받아주면 된다.

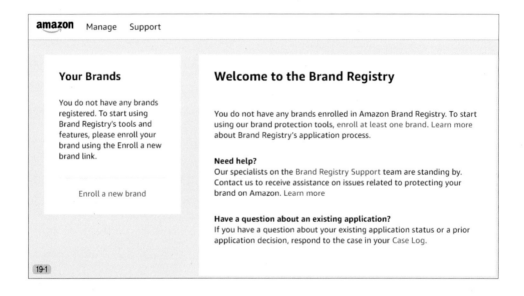

브랜드 등록을 위하여 https://brandregistry.amazon.com/home에 접속하고, Enroll a new brand를 클릭한다.

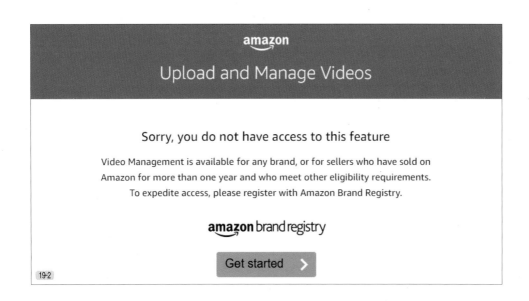

혹은 셀러 센트럴에서 Inventoty → Upload & Manage Vidios를 클릭하면 비디오 업로드는 브랜드 셀러를 위한 것이기 때문에 브랜드 등록을 해야 한다는 문구가 나오는데, Get started를 클릭하면 동일하게 이동 가능하다. 다음 페이지에서 Enroll a new brand를 클릭한다.

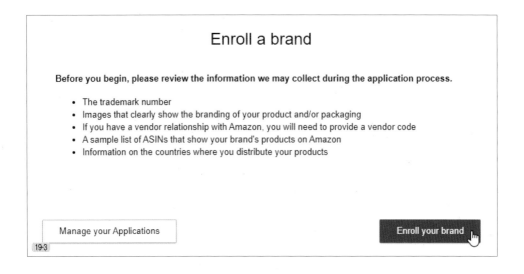

다음 페이지에서는 브랜드 등록에 필요한 정보를 알려준다. Enroll your brand를 클릭한다.

Enroll a brand

Brand Information — Selling account Information — Distribution information

Brand Information

The following information will help us identify your brand and get you started in Brand Registry.

What is your brand name?

Please enter your trademark name. This includes the preferred form of capitalization for your brand name

Select a trademark office

United States - United States Patent and Trademark Office - USPTO

Please enter the registration or serial number

Verify

Product Information

Please provide a URL to your brand's official website. Providing your URL will help us better identify your brand (optional)

If you sell your products on other e-commerce sites, provide the URL to your storefront on those sites (optional)

Add more

Product images

Provide at least one image of your product or packaging that clearly shows your brand's name, logo or other distinguishing mark permanently affixed to the product. The images should show the product you sell or intend to sell on Amazon and shouldn't be computer generated.

File types accepted are .jpg, .png and .gif.   File size should not exceed 5MB

Upload

or drag here to upload

19-4

What is your brand name?에는 브랜드를 정식 등록할 때 사용한 브랜드명을 정확하게 입력해준다. Select a trademark office의 경우 처음 선택되어 있는 대로 United States를 선택한다.

Please enter the registration or serial number에는 시리얼 넘버를 입력해준다. 아래 Product Information의 경우 브랜드 웹사이트가 있거나 아마존 외 다른 이커머스에서 판매하고 있다면 주소를 입력하라는 곳인데, 입력하지 않아도 무방하다. 맨 아래 Product images에는 상품과 로고가 삽입된 상품 박스를 같이 촬영한 사진을 업로드해주도록 한다. 모두 입력 후 우측하단에 Next를 클릭한다.

Enroll a brand

Brand Information   Selling account Information   Distribution information

Selling account Information
The following information will help us understand your connection to the brand april box you're enrolling

Are you a seller or a vendor for the brand you're enrolling?
Please select all options that apply to your selling relationship with Amazon

☐ Seller
A Seller sells their products directly to their customers, delivering orders on their own or by using Fulfilment by Amazon. Your Seller information is required for any and all markets where you sell your brand's products

☐ Vendor
A Vendor sells their products to Amazon to act as a third party, storing and fulfilling orders through Amazon fulfilment centres

Please provide the categories which best describe your brand
If your brand is not sold on Amazon, please select the product categories that are applicable for your brand from the list below.

Select a category	⌄

Please provide your top-selling ASINs for each product category where your brand is sold If your brand's products are sold on Amazon, providing sample ASINs will help us better identify your brand

Amazon.com ⌄	ex: B0792KTHKJ	Add

An ASIN is a 10-character identifier used for product identification on Amazon

다음 페이지에서 Are you a seller or a vendor for the brand you're enrolling?에는 Seller를 선택한다.

Which selling accounts manage your brand's products? (optional)
Please select all the selling accounts that manage the brand's products. Learn more about selling accounts and merchant token.

☑ Select all

☑ A2

☑ A3

Selected 3 of 3 selling accounts:

19-6

Seller를 선택하면 이와 같이 브랜드 관리 계정을 선택하라는 칸이 추가로 생성되는데, 상단에 Select all을 선택한다.

아래 Please provide the categories which best describe your brand는 어떤 카테고리가 당신의 브랜드를 가장 잘 설명하는지 묻는 질문인데, 주로 판매할 카테고리를 선택해주면 된다.

다음 질문인 Please provide your top-selling ASINs for each product category where your brand in sold는 카테고리별로 가장 잘 판매되는 제품의 ASIN을 입력해달라는 의미다. 우측에 Add를 클릭하여 상품을 추가할 수 있다. 모두 입력 후 우측 하단에 Next를 클릭한다.

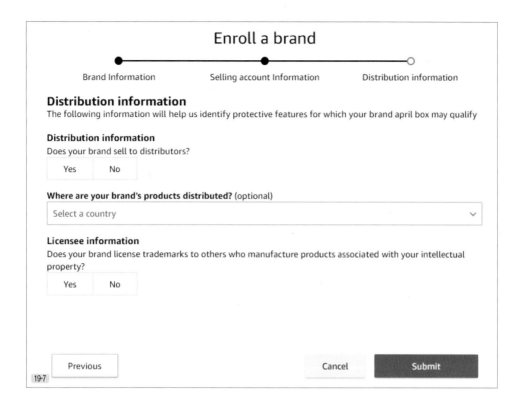

첫 번째 질문인 Does your brand sell to distributors? 는 당신의 브랜드가 아마존 외 다른 유통업자 등에게 따로 판매되고 있느냐는 질문인데 No를 선택해준다. 다음 질문은 브랜드의 제품이 어느 나라로 유통되고 있느냐는 질문인데 선택하지 않아도 무방하다. 마지막 질문인 Does your brand license trademarks to others who manufacture products associated with your intellectual property?는 당신의 제품 제조사 또한 당신의 상표를 이용할 수 있거나 이용하고 있냐는 질문인데, No를 선택해주면 된다.

모두 작성하였다면 Submit을 클릭하여 브랜드 등록 신청을 완료한다. 수일 내로 아마존으로부터 완료 메일을 받을 수 있다. 다만 브랜드 등록이 완료되었더라도 즉시 모든 브랜드 셀러 기능을 이용할 수 있는 경우보다는 하나하나 기능이 열리는 경향이 있다. 너무 오랜 시간 기능이 열리지 않는다면 케이스를 생성하여 문의하면 조금이라도 더 빨리 기능을 오픈할 수 있을 것이다.

이렇게 브랜드 등록을 완료하였다. 이전에는 이와 같은 방법보다는 조금 더 복잡한 방식의 신청 양식/방법이었지만 앞서 설명한 적이 있듯이 검증된 셀러들을 원하는 아마존이기 때문에 브랜드 등록을 최대한 간결하게 할 수 있도록 점점 변경되어 가고 있는 듯하다. 또한 예전에는 1년 이상이 걸릴 수 있었던 브랜드 레지스트리의 상표 출원 자체를 이제 출원 시작과 동시에 얻을 수 있는 시리얼 넘버만으로 등록을 가능하게 하는 것으로 미루어 볼 때 브랜드 등록의 간결화는 계속될 것으로 보인다. 브랜드 셀러들만을 위한 기능이나 마케팅 방법을 지속적으로 늘려나갈 것으로 판단된다.

브랜드 셀러 특전 소개

브랜드 등록이 완료되면 이와 같이 맨 우측에 Brands 메뉴가 추가된다.

브랜드 등록을 하면 이전과 다르게 많은 추가 메뉴를 사용할 수 있게 된다. 솔직히 그다지 도움이 안 되는 기능들도 많지만, 정말 유익한 기능 몇 가지를 독자들에게 소개한다.

1. A+ content

A+ content는 쉽게 말하면 상세 페이지이다. 국내 온라인 쇼핑몰 같은 경우 이미지로 된 상세 페이지로 제품을 어필하는 것이 당연하게 되어 있지만 리스팅을 해본 독자들은 알 수 있듯이 아마존은 다르다. 일반 셀러는 리스팅에 텍스트를 제외한 이미지는 삽입할 수 없다. 하지만 브랜드 셀러가 되면 이미지로 상세 페이지를 꾸밀 수 있다.

Specifications :

Material : PP+TPR

Color : White+ Grey Dot

Tray Size:

Total Length with Handle : 16.5 inch(42cm)

Outer Length x Outer Width : 14.7 inch(37.5cm) x 11.4 inch(29cm)

Inner Length x Inner Width : 13.4 inch(34cm) x 9.8 inch(25cm)

Height : 0.9 inch(2.3cm)

Quantity : 2Pcs

Usage :

They are sturdy, inside with slip proof silicone dots,have a ribbed underside to prevent sliding, and are stackable.

Perfect to organize your snacks, coffee service, small kitchen counter items, etc. The trays also can be used for eating while watching the TV.

Package Includes :

19-9 2 Pieces serving trays for eating

위 사진은 브랜드 등록을 하지 않은 일반 셀러의 상품 설명란이다. 언급했던 것처럼 사진 첨부를 할 수 없기에 상품 설명에 필요한 사이즈, 재질 등을 언급하고 있다.

위 사진은 브랜드를 등록한 셀러의 상품 설명란이다. 설명글과 함께 사진을 첨부할 수 있기

때문에 더 눈길이 가고 고객들이 자연스럽게 제품 페이지에 더 오래 머무를 수 있게 된다. 매출을 몇 배 이상 올려줄 정도로 막대하게 큰 효과를 기대할 수는 없지만 a+ content를 하기 전보다는 전환율을 더 높일 수 있는 요소이기 때문에 대부분의 브랜드 셀러는 a+ content를 사용하고 있다.

2. Vine

앞서 언급한 적이 있던 ERP가 종료됨으로 인해, 규정을 위반하지 않고 리뷰를 끌어모으는 방법이 없어졌지만 브랜드 셀러를 위해서 딱 한 가지 남아 있는 기능이 있는데 바로 Vine이라는 프로그램이다.

Vine은 무료로 제품을 제공하고 리뷰를 기대할 수 있는 프로그램이다. 혹자들은 제품을 무료로 제공하고 리뷰를 받는 것이 아닌, 기대할 수 있는 프로그램에서 의심을 가질 수도 있다. 안타깝게도 무료로 제품을 제공하지만 리뷰를 쓰건 말건 그것은 받은 사람 마음이다. 하지만 Vine은 선착순으로 누구에게나 제품을 주는 것이 아닌, 아마존의 우수 고객에게만 기회가 주어지는 프로그램이다. 아마존에서의 구매 이력이 많고, 리뷰를 자주 쓰는 등 아마존에서 활발한 활동을 하는 고객에게만 주어지는 자격이다. 따라서 Vine으로 물건을 받아간 고객들의 대부분은 리뷰를 남겨준다고 기대할 수 있다.

필자의 경우 제품이 무료로 나가는 것이고 확정 리뷰를 받을 수 없기 때문에 리뷰가 없는 신상품에 소량만 진행한다. Vine으로 가져간 고객들의 90% 정도가 리뷰를 작성하여 주었다. ERP가 폐지된 지금, 초반에 리뷰를 몇 개라도 모으기 굉장히 유용한 기능이다. 하지만 주의해야 할 사항이 또 있다. 바로 별점인데, Vine을 통해 무료로 제품을 가져갔더라도 별점 5점을 남겨준다는 보장은 없다. 필자의 경우 대부분의 고객들은 5점, 몇몇 고객들은 4점을 많이 줬지만 간혹 무료인데도 제품이 마음에 들지 않아 비판적인 리뷰와 함께 낮은 별점이 달릴 수 있으니 주의해야 한다. 결론적으로 제품에 굉장히 자신이 있을 때에는 성능이 좋은 프로그램이라고 볼 수 있다.

Vine은 한번 진행할 때 제품 30개를 Vine 고객들이 가져가도록 할 수 있으며 중단하고 싶다면 언제든 중단할 수 있다. 다만 무료로 이용할 수 있었던 Vine이 2021년 10월 12일부로 $200을 부과한다고 하니 꼭 필요하다고 생각되는 경우에만 이용하도록 하자. Vine 리뷰가 1개 이상 작성되어야 비용이 부과된다.

이와 같이 Vine으로 제품을 가져간 고객이 리뷰를 남기면 'VINE VOICE'라고 표시된다.

간혹 가다 'VINE VOICE' 옆에 'TOP 500 REVIEWER' 혹은 비슷한 문구가 표시되는 경우가 있는데 아마존에서 굉장히 활발한 활동을 하는 고객임을 알 수 있다. 또한 Vine 리뷰는 아래에 'Vine Customer Review of Free Product'(무료 제공 제품에 대한 Vine 고객의 리뷰)라고 정확하게 표시하여 나타난다.

사실 'VINE VOICE' 까지는 그렇다 쳐도 저러한 표시가 없으면 셀러들에게 조금 더 도움이 되었겠지만 명확하고 투명한 것을 원칙으로 하는 아마존이기 때문에 아쉽지만 어쩔 수 없는 노릇이다. 무료 제공 제품이긴 해도 긍정적인 리뷰인 것은 맞기 때문에 리뷰가 아예 없는 것보다는 당연히 도움이 될 수밖에 없겠나. 이제 막 시작하여 브랜드 등록을 하지 않은 독자들이 바로 사용할 수는 없는 프로그램이지만 추후 브랜드 등록을 하고 신상품을 런칭한다면, 런칭 초반 리뷰를 확보하기 위해 사용해보는 것을 추천한다.

3. 브랜드 스토어

아마존은 브랜드 등록 셀러에게 브랜드 스토어를 생성할 자격을 부여한다. 셀러 센트럴 메뉴에서 Stores 메뉴가 생성되므로 Manage Stores에서 스토어 생성/편집이 가능하다. 브랜드 스토어는 쉽게 생각하면 네이버의 스마트스토어를 생각하면 비슷하다. 평소에 무언가 구매하고자 네이버에 제품 키워드를 검색하면 상단에 키워드와 관련된 제품이 나오고 제품을 선택하면 제품의 상세 설명과 사진들을 볼 수 있게끔 되어 있다.

상품 페이지에서 상단에 브랜드명을 클릭하면 해당 브랜드의 스마트스토어 페이지로 넘어가게 되며 해당 셀러가 판매하는 모든 제품을 볼 수 있다. 몇몇 독자들은 제품 페이지에서 해당 셀러/브랜드가 판매하는 다른 상품은 뭐가 있나 궁금해서 스토어로 진입해본 적도 있을 것이다. 아마존의 브랜드 스토어도 이와 비슷하다. 브랜드 셀러가 브랜드 스토어를 개설하면 해당 셀러의 상품 페이지에는 'Visit Store'라는 문구가 생기고, 이를 클릭하면 해당 브랜드의 브랜드 스토어 페이지로 넘어가게 된다.

이와 같이 스토어 페이지로 진입하면 오로지 해당 브랜드만을 위한 페이지가 개설되어 있으며 어떤 사진을 넣을지, 설명을 사용할지 브랜드 스토어를 편집하며 선택할 수 있다. 다만 스마트스토어 등과는 다르게 상세 페이지를 제작하여 이미지 형식으로 넣는 것이 아닌 아마존에서 만들어놓은 다양한 양식들 중에서 선택하여 만들 수 있다. 포맷과 양식만 다를 뿐 이미지를 삽입하고 텍스트를 작성하는 것이기 때문에 어렵지 않게 만들 수 있으므로 포토샵이나 일러스트를 다루지 못하더라도 상세 페이지를 따로 만들어야 된다는 부담감을 갖지 않아도 된다.

이와 같이 브랜드에서 취급하는 카테고리가 다양하다면 카테고리를 분리하는 것도 가능하다.

스토어를 처음 생성하여 어떻게 만들지 막막하다면 메뉴에서 Stores → Manage Stores로 진입하여 이와 같이 Featured Stores를 통해 추천 스토어를 볼 수 있도록 해놓았으니 참고하고 스토어를 꾸미는 것도 괜찮은 방법이다.

4. 동영상 업로드

브랜드 셀러는 사진뿐만 아니라 동영상 업로드가 가능하다. 동영상을 업로드하면 상품 페이지에서 고객들이 볼 수 있게 된다. 최근에는 브랜드 레지스트리를 하지 않았더라도 1년 이상 꾸준히 아마존에서 셀링을 해온 셀러들에게도 동영상 업로드 기능을 열어주고 있다.

동영상은 리스팅을 Edit하는 것이 아닌, 셀러 센트럴 메뉴에서 Inventoty → Upload & Manage Vidios를 클릭하여 생성할 수 있다. 중앙에 Select video to upload에 동영상을 올려준 뒤 타이틀을 입력하고 ASIN을 지정해주면 해당 ASIN의 리스팅에 자동으로 적용되도록 되어 있다. 또한 Thumbnail에 사진을 업로드하여 섬네일을 따로 지정해줄 수도 있다.

손쉬운 사용 방법을 설명하거나 실물과 가장 유사한 모습을 보여줄 수 있는 동영상을 리스팅에 추가하여 매출 상승 효과를 봤다는 셀러들이 많으니 브랜드 등록을 완료했다면 제품마다 1개씩은 동영상을 업로드해보는 것을 추천한다.

5. 브랜드 애널리틱스

메뉴에서 Brand → Brand Analytics를 들어가면 여러 가지 분석 결과를 볼 수 있다. 제일 처음 볼 수 있는 것은 Amazon Search Terms로 고객들이 어떤 키워드를 가장 많이 검색하고 있는 지를 확인할 수 있다. 하지만 개인 셀러는 이런 대형 키워드 제품을 다루기에는 부담이 크기 때문에 트렌드 확인 용도 정도로 활용해주면 좋다. 브랜드 애널리틱스 페이지에서는 서치텀 뿐만 아니라 본인의 제품을 재구매하는 비율이나 같이 구매하는 다른 셀러의 제품, 고객의 비교 구매 대상과 구매 연령층, 대략적인 소득 구간, 성별, 결혼 유무 심지어 학력까지도 확인할 수 있으므로 자료를 통해 타깃층을 설정할 수도 있다.

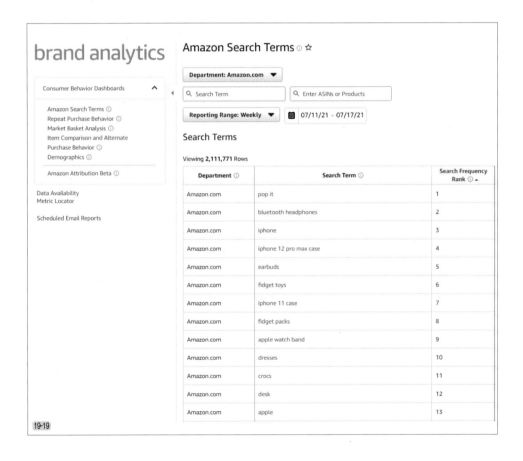

6. A/B Test

셀러 센트럴 메뉴에서 Brand → Manage Experiment로 진입하면 A/B 테스트 설정이 가능하다. A/B 테스트란 앞서 설명했던 A+ Content, 상품명, 제품 섬네일을 상품당 2개를 사용하여 어느 쪽이 더 구매를 유도하는 데 효율적인지 테스트해보는 것이다. 예를 들어 섬네일에 적용할 사진을 촬영하고 마지막 2장 중 최종 선택을 해야 하는데 둘 다 너무 사진이 괜찮아 보여서 결정을 못하겠다면 A/B 테스트에 2장을 사용하여 구매율이 더 뛰어난 사진을 최종으로 선택해주는 것이라고 보면 되겠다.

A+ Content, 상품명 또한 마찬가지다. A/B 테스트에 등록하면 각각 다른 고객들에게 랜덤하게 A와 B를 보여주며 클릭율, 구매율 등이 어떤지 기록으로 남겨 확인할 수 있게 된다. Manage Experiment 페이지에서 표 우측 상단 Create a New Experiment를 클릭하면 A+ Content, 상품명, 제품 섬네일 중 하나를 선택하여 하나씩 생성할 수 있다.

7. 묶음 판매(Virtual Bundles)

메뉴에서 Brand → Virtual Bundles를 클릭하면 현재 판매하고 있는 제품들을 묶음 판매할 수 있는 리스팅을 생성할 수 있다. 아마존에서 이러한 묶음 판매를 Virtual Bundles(가상 묶음)이라고 표현하는 이유는 실제로는 묶음 판매를 하고 있는 제품들이 아닌 개별 판매를 하고 있는 제품들을 임의로 묶어 판매하기 때문이라고 판단된다. A, B, C라는 3개의 상품을 판매하고 있다고 가정한다면 A+B, A+C, B+C, A+B+C 등 다양한 시도가 가능하다.

물론 묶음 판매를 할 아이템들이 서로 조화가 되거나 용도가 같을 경우에, 그리고 묶음이므로 할인을 어느 정도 적용했을 때 판매에 효율적일 것이다. 묶음 판매 생성으로 인한 리스팅은 사실상 아마존닷컴에서 상품을 노출할 기회를 한번 더 늘리는 것이기 때문에 판매하고 있는 제품이 늘어난다면 꼭 생성하는 것을 추천한다.

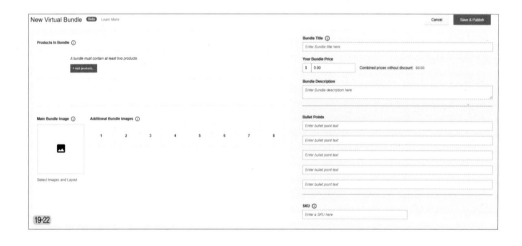

묶음 리스팅을 생성하려면 Virtual Bundles로 진입한 뒤 +Add products를 클릭하여 상품들을 선택해준 후 아래 Main Bundle Image와 나머지 이미지들을 넣어준다. 우측에서 타이틀, 가격, 상품 설명, 불렛 포인트를 리스팅하듯 입력해주면 준비가 끝난다. SKU는 본인만 식별 가능한 제품 코드를 의미하므로 관리하기 편하도록 입력해주면 된다. 모두 입력했다면 우측 상단 Save & Publish를 클릭해주면 된다.

8. 아마존 포스트

아마존 포스트는 도입된 지 얼마 안 된 신규 시스템으로, 아마존닷컴 모바일 앱으로 쇼핑하는 고객들에게만 노출되는 광고와 비슷한 개념이지만 무료로 이용할 수 있는 시스템이다. 아마존닷컴 앱으로 쇼핑 중 특정 제품의 상세 페이지로 진입했을 때, 상품 설명 하단 쪽에 비슷한 상품군을 이와 같이 포스트로 보여준다. See more를 클릭하여 포스트된 제품 상세 페이지로 이동할 수도 있고, 포스팅한 브랜드를 팔로우할 수도 있다. 인스타그램과 비슷하지만 아마존 내에서만 사용할 수 있는 것으로 이해하면 좋다.

아마존 포스트의 장점은 무료로 광고 효과를 볼 수 있다는 것이다. 포스트를 게시하면 해당 포스트를 본 고객이 몇 명인지, 클릭한 고객은 몇 명인지 등을 확인할 수 있다. PPC 광고가 한 번 클릭할 때 $1가 소요된다고 가정하면 10명의 고객이 포스트를 보고 제품을 클릭했을 때 $10와 비슷한 광고 효과를 무료로 얻게 된 것과 비슷하다.

필자는 아마존 포스트가 도입되고 나서부터 포스팅 작업을 열심히 했고, 팔로워 수도 늘어나게 되었지만 정작 팔로워를 활용할 수 있는 방법은 아마존에서 제공하지 않았었다. 하지만 최근 Customer Engagement(고객 참여)라는 메뉴가 생겼고, 이 메뉴를 통해 필자의 브랜드를 팔로우하고 있는 고객들에게 프로모션 메일을 보낼 수 있는 기능이 생겼다. 신제품을 런칭했을 때 팔로워들에게 광고를 하거나, 할인 행사를 시작했을 때 홍보를 하는 등 무료 광고 기능이 늘어난 셈이다.

Create post
See posts creative tips

Image

Image specs
- **Image size:** 640 x 320 px or larger
- **Aspect ratio:** Between 1:2 and 2:1
- **File format:** JPG or PNG
- **Color format:** RGB

Upload image

Caption

Write your caption

Products ⓘ
Add up to 10 ASINs that APRIL BOX owns or is permitted to sell. See policy ☑

Enter ASINs separated by a comma, space or new line

Add

☐ **Schedule post** ⓘ
19-24

아마존 포스트는 굉장히 쉽게 포스팅이 가능하다. 브랜드 등록을 완료할 경우 Advertising Console에 Posts라는 메뉴가 생기게 된다. Posts로 진입 후 Creat post를 클릭하고 이와 같은 양식에 포스팅할 사진, Caption에 간단한 설명, Products에 해당 제품 ASIN을 넣고 Add를 클릭한 뒤 Submit for review를 클릭하면 포스팅이 고객에게 노출되어도 적절한지 아마존에서 리뷰를 완료하고 게시된다. 아마존은 이 포스트 기능에 라이프 스타일 사진을 사용할 것을 권고하고 있다. 실제로 필자가 아마존에서 판매 중인 제품의 섬네일 사진을 포스트로 등록했더니 라이프 스타일 이미지가 아니라서 노출이 제한된다는 경고 문구를 받았다. 또한 이전에 포스트로 사용한 적이 있던 사진은 재사용이 되지 않으므로 틈틈이 라이프 스타일 사진을 촬영해주는 것이 좋다.

아마존 포스트는 무료이면서도 효과가 꽤 뛰어난 기능이다. 또 아마존 포스트에 이어서 Customer Engagement(고객 참여)라는 서비스까지 아마존에서 제공한 것 또한 눈여겨보아야 할 점이다. 이렇게 무료로 큰 효과를 볼 수 있는 혜택을 늘려가는 이유는 앞서 언급했던 아마존의 검증된 브랜드 셀러 늘리기의 한 가지 수단이라고 필자는 생각한다. 이는 앞으로도 아마존이 비브랜드 셀러보다는 브랜드 셀러를 위한 기능을 지속적으로 개발하여 추가해나갈 것으로 보인다. 브랜드 셀러를 위한 기능들이 늘어날 때마다 브랜드를 소유하지 않은 셀러는 경쟁력을 갖추기 어려우질 수 있으므로 아마존 셀러의 브랜드 등록은 선택에서 필수로 바뀌어 나가고 있는 것 같다. 여러 번 강조했지만 독자들 또한 아마존 셀러를 계속해나갈 예정이라면 브랜드 등록을 망설이지 말도록 하자.

세금 관련

개인사업자 자격으로 사업을 하여 소득이 발생하는 아마존 셀러 역시 사업자로서의 세금 부과 대상이다. 개인사업자 기준 부가세의 경우 연 2회(1월, 7월), 종합소득세는 5월부터가 신고 기간이다. 직원이 있을 경우에는 매달 원천 징수가 추가된다. 앞서 설명했듯이 외국에서 공급하는 재화는 기본적으로 부가세율 10% 적용이 아니라 0의 세율을 적용하고 있기 때문에 아마존 셀러는 부가세를 면제받을 수 있다. 또한 매출/매입에 따라 환급을 받기도 한다. 다만, 필자가 설명했던 중국 → 미국으로의 제품 이동 및 판매를 할 경우에는 간이 과세자, 일반 과세자 상관없이 부가세가 면제되지만 한국 → 미국으로 제품 수출 및 판매를 할 경우에는 일반 과세자만 증빙을 통해 면제/환급받을 수 있는 점은 참고사항으로 알아두길 바란다. 납부할 세금이 없더라도 신고는 의무적으로 해야 하기 때문에 부가세 신고를 건너뛰는 일은 없기를 바란다.

세금 신고는 직접 할 수도 있지만 세금과 세무에 관련하여 어느 정도 지식이 있지 않은 이상 세무 대리를 맡기는 것을 추천한다. 왜냐하면 처음 신고를 위해 공부해야 될 시간, 그리고 신고를 위해 소요될 많은 시간뿐만 아니라 전문가가 아니기 때문에 실수를 할 수도 있고 세무사가 아닌 이상 지속적으로 바뀌는 세법에 대해 공부를 해나갈 수도 없는 노릇이기 때문이다. 세무서를 통해 세금 신고를 하며 세무 담당자와 이야기하다 보면 몰랐던 내용들도 알아갈 수 있다. 필자는 처음 아마존을 시작할 당시에 간이 사업자를 발급받아 셀러를 했다. 그런데 세무 담당자를 통해 세금계산서 발행 없이 지속해서 아마존 매출만 발생한다면 간이과세자를 포기하고 일반사업자로 변경하는 것이 좋다는 이야기를 들었다. 왜냐하면 일반사업자여야 매입 금액 등에 대한 환급을 받을 수 있기 때문이라는 것이었다.

이러한 내용들의 경우 필자처럼 세무 관련 지식이 없다면 당연히 모르고 넘어갈 경우가 많을 것이기 때문에 세무 대리를 이용하는 것을 추천하는 바이다. 온라인 셀러에게 특화된 세무서를 이용한다면 국내의 경우 온라인 쇼핑 플랫폼인 스마트스토어나 쿠팡, 위메프 등 해당 플랫폼의 아이디, 패스워드를 세무서에 알려주면 매출 내역 등 필요한 자료까지 알아서 정리하여 신고까지 해주는 세무서도 몇 군데 있다. 하지만 아마존의 경우 국내 셀러보다 셀러 자체가 많지도 않고 기본적으로 영문 플랫폼이며 사용하기가 쉽지 않으므로 아마존의 내역까지 정리해주는 세무서를 만나보지는 못했다. 이 때문에 부가세 및 종합소득세 신고 기간에 정리하여 제출해야 할 자료를 받을 수 있는 방법을 소개하도록 하겠다.

신고 서류 구비

먼저 셀러 센트럴 메뉴에서 Reports → Payments로 진입한 뒤 Date Range Reports(설정 기한 보고서)를 클릭한다.

다음 페이지에서 Generate Report를 클릭한다.

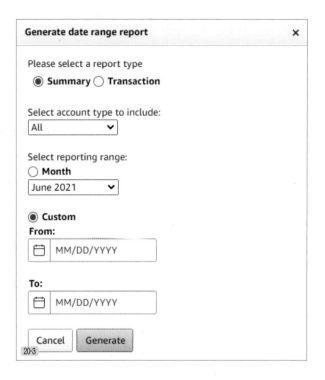

Report type은 Summary(요약본)으로 선택한다. 요약본을 선택하지 않을 경우 모든 내역이 하나하나 전부 포함된 보기 어려운 엑셀 자료로 정리되어 나오기 때문이다. Reporting range(보고서 기간)는 Custom으로 변경한 뒤 부가세/종합소득세 신고에 필요한 기간으로 설정하고 하단 Generate를 클릭한다.

Document Name	Request date	Date Range	Action
Custom Unified Summary Report for Jan 1, 2021 00:00 PST - Jun 30, 2021 23:59 PDT 20-4	Jul 21, 2021	Jan 1, 2021 - Jun 30, 2021	In Progress Refresh

그럼 이와 같이 보고서 준비 중으로 표시된다.

Document Name	Request date	Date Range	Action
Custom Unified Summary Report for Jan 1, 2021 00:00 PST - Jun 30, 2021 23:59 PDT 20-5	Jul 21, 2021	Jan 1, 2021 - Jun 30, 2021	Download

몇 초 혹은 몇 분 내로 새로 고침을 해보면 보고서가 완료되어 있다. 다운로드한다.

amazon services
seller central
Questions? Get Help Online

Display name:
Legal name:

Account activity from Jan 1, 2021 00:00 PST through Jun 30, 2021 23:59 PDT

All amounts in USD, unless specified

Summaries

Can include Amazon Marketplace, Fulfillment by Amazon (FBA), and Amazon Webstore transactions
Account Types Included - Standard Orders, Invoiced Orders

		Totals
Income	Net sales, credits, and refunds	
Expenses	Net fees, including Amazon service fees, selling fees, FBA fees, shipping, and taxes	
Tax	Net taxes collected on product sales and services	
Transfers	Net deposits and withdrawals	

Account Types Included - Standard Orders, Invoiced Orders

Income	Debits	Credits		Expenses	Debits	Credits
Product sales (non-FBA)				Seller fulfilled selling fees		
Product sale refunds (non-FBA)				FBA selling fees		
FBA product sales				Selling fee refunds		
FBA product sale refunds				FBA transaction fees		
FBA inventory credit				FBA transaction fee refunds		
FBA liquidation proceeds				Other transaction fees		
FBA Liquidations proceeds adjustments				Other transaction fee refunds		
Shipping credits				FBA inventory and inbound services fees		
Shipping credit refunds				Shipping label purchases		
Gift wrap credits				Shipping label refunds		
Gift wrap credit refunds				Carrier shipping label adjustments		
Promotional rebates				Service fees		
Promotional rebate refunds				Refund administration fees		
A-to-z Guarantee claims				Adjustments		
Chargebacks				Cost of Advertising		
Amazon Shipping Reimbursement				Refund for Advertiser		
SAFE-T reimbursement				Liquidations Fees		
	subtotals				subtotals	

Transfers	Debits	Credits		Tax	Debits	Credits
						0
Transfers to bank account				Product, shipping and gift wrap taxes collected		
Failed transfers to bank account				Product, shipping and gift wrap taxes refunded		
Disburse to Amazon Gift Card balance				Amazon Obligated Tax Withheld		
Charges to credit card					subtotals	
	subtotals					

20-6

다운로드받은 파일을 열어보면 이와 같이 정리된 내역의 pdf 파일을 열어볼 수 있다. 해당 파일은 '부가세/종소세 매출 내역 요약' 정도의 파일명으로 변경한 뒤 보관한다.

- Income은 수수료 등이 제외되지 않은 해당 기간의 총매출을 뜻한다.
- Transfers는 셀러가 아마존으로부터 해당 기간 동안 정산받은 금액을 뜻한다.
- Expenses는 수수료, 서비스 비용, 광고비 등을 뜻한다.
- Tax는 세금을 뜻하며 사업자등록번호를 정상적으로 등록했다면 따로 부과되는 금액은 없다.

Expenses에 있는 Cost of Advertising이 광고비를 뜻하기 때문에 세무서에 비용 처리를 요청하기 위해 금액을 확인해놓도록 하자. 여기서 비용 처리란 사업과 관련된 지출 경비는 사업비용으로 인정을 받을 수 있고 비용 처리를 하면 매입 금액이 클수록 공제액이 커지기 때문에 그만큼 세금 부담을 줄일 수 있다. 반대로 비용 처리를 하지 않는다면 실제 내야 할 세금보다 많은 세금을 부담하게 되므로 비용 처리에 대한 부분은 세무서에 꼭 문의하여 최대한 모든 비용 처리를 받을 수 있도록 해야 한다.

다음은 페이오니아를 통해 정산받은 내역을 다운로드받아 보도록 하자. 페이오니아에 접속한 뒤 로그인하고 메뉴에서 활동 → 거래 내역을 클릭한다.

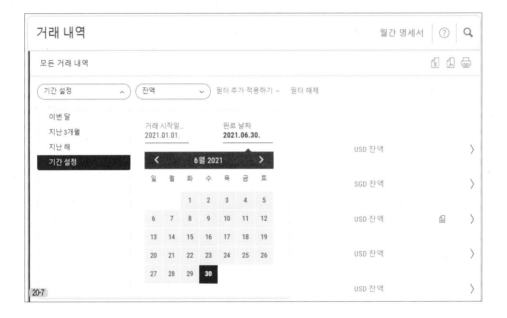

거래 내역에서 기간 설정을 클릭하고 신고 해당 기간을 선택한다.

우측 상단에 있는 아이콘들 중 중간에 있는 버튼을 클릭하면 해당 기간의 내역들이 PDF로 다운로드된다.

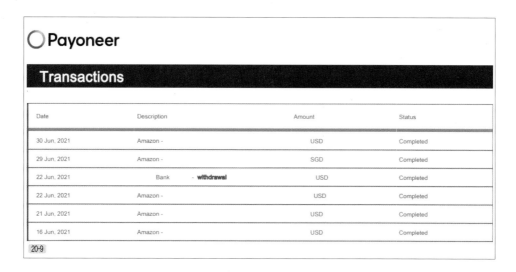

이와 같이 선택한 기간의 입출금 내역 및 금액이 표시된다. PDF 파일을 저장하여 보관한다.

PDF 파일이 아닌 페이오니아에서 이와 같이 인출 혹은 withdrawal 이라고 표시된 것은 페이오니아에 입금된 달러를 한화로 환전하여 본인 한국 계좌로 입금받은 내역을 뜻한다.

인출 혹은 withdrawal이라고 표시된 내역을 클릭하면 이와 같이 그 당시 한화로 얼마를 정산

받았는지 정확하게 확인할 수 있다. 인출받은 내역들은 곧 본인의 수입이므로 세금 신고에 참고될 내용이기도 하다. USD가 아닌 한화로 얼마인지 세무서에 알려줘야 한다. 해당 기간의 인출 내역을 모두 확인하여 달러 및 한화로 얼마를 정산받았는지 엑셀에 정리하여 세무서 쪽에 PDF 파일과 넘겨주면 좋다. 또한 아마존은 2주마다 정산금을 지급해주기 때문에 2주마다 인출했다면 인출 내역을 조금 더 꼼꼼히 살펴보고 놓치지 않도록 하자.

세무서 혹은 담당자마다 요구하는 자료나 양식 등에 조금씩 차이가 있을 수는 있지만 이와 같은 방법으로 세금 신고에 필요한 자료는 모두 구비할 수 있으니 계약하게 될 세무서 담당자와 충분히 상의하여 신고 기간 내에 자료 준비 및 신고를 할 수 있도록 해야 한다.

세무서 선택 팁

온라인 셀링이 확산되기 전까지만 해도 대부분 10만 원 전후의 월 기장료를 내가며 신고 기간 때마다 자료를 제출하여 신고를 완료하였지만 국내외로 온라인 개인사업자 및 사업체가 많이 늘어난 요즘은 온라인 셀러를 전문으로 대응하는 세무서도 생겼을 뿐만 아니라 신고 기간 때만 일정 대행료를 지불하고 신고를 대행해주는 세무서도 많이 생겨났다. 이 때문에 독자들에게는 비용 절감을 위해 신고 기간 때에만 신고 대행료를 지불하고 신고를 대행해주는 서비스를 이용하는 것을 추천한다. 월 기장을 지불하며 이용해도 상관은 없지만 신고 기간이 아닐 때에는 마땅히 세무서에 요청할 작업이 없기 때문이다.

그리고 앞서 설명했던 것처럼 아마존 혹은 온라인 셀러에 대한 이해도가 높은 세무서일수록 좋다. 1순위로는 아마존 세금 신고 경험이 있는 곳이 좋겠다. 또 한 가지 중요한 것은 담당자가 친절한지 여부이다. 필자가 처음 세무서를 선택했을 때의 기준은 그저 가격과 온라인 셀링을 잘 이해하는지가 전부였기 때문에 검색하며 알아보다 괜찮아 보이는 곳과 계약했다. 다만 세무서 혹은 세무 담당자에게 필자는 월 10만 원 남짓한 기장료를 지불하는, 수많은 고객 중 하나였는지 세금에 대해 궁금한 게 있어 물어봐도 귀찮은 기색이 역력해 보이거나 나중에는 톡으로 질문했는데 확인하고도 답장을 안 하고 무시를 한 적도 있었다.

얼마나 절세에 도움을 주고 신고를 잘해주는지도 중요하겠지만 기본적으로 세금에 대해 잘 모르는 셀러들을 위해 간단한 설명이나 질문에 답해줄 정도의 친절함은 갖춘 곳과 거래하기를 바란다. 또한 혹시 지인이나 주변에 세무사가 있더라도 따로 알아볼 것을 추천한다. 설명을 요구하거나 컴플레인을 하는 등의 상황이 발생할 수가 있는데 이때 여러모로 불편한 상황에 놓일 수 있기 때문이다. 정당한 대가를 지불하고 지불한 만큼의 기대 서비스를 마음 편하게 받을 수 있는 곳으로 충분히 검색하고 상담한 후에 계약할 곳을 결정하기를 바란다. 가격의 경우 세무서들을 알아보다 보면 충분히 비교하게 될 수 있을 것이다.

외부 프로그램 소개

이번 장에서는 앞서 설명한 적이 있는 Viral Launch처럼 아마존 사업을 진행하는 데 도움이 되는 몇 가지 외부 프로그램들에 어떠한 기능들이 있는지 간략하게 소개하려고 한다. 필자가 이 책에서 외부 프로그램을 중요하게 다루지 않고 이렇게 뒷부분에 서술하는 이유는 외부 프로그램이 필수는 아니기 때문이다. 외부 프로그램이 절대적으로 필요 없다는 이야기는 아니다. 개인 셀러로서 얻을 수 없는 정보를 얻을 수 있고 여러 가지 도움이 되는 기능이 많은 것도 사실이다. 하지만 꼭 외부 프로그램이 있어야만 아마존에서 판매를 성공할 수 있는 것은 아니다.

외부 프로그램들을 무료로 사용할 수 있다면 활용하는 방법을 적극 설명했을지도 모르겠지만 아무래도 월 구독 방식의 유료 프로그램들이다 보니 부담이 될 수밖에 없고, 한 달마다 자동 결제가 되지만 한 달 내내 프로그램을 활용할지도 미지수이다. 필자는 여러 가지 외부 프로그램을 사용해보았는데 한 달치 결제를 하더라도 필요한 기능을 모두 사용한 뒤에는 잘 사용하지 않게 되어 현재는 사용하고 있지 않다. 따라서 독자들 또한 블로그, 유튜브 등에서 필수라고 강조하는 이 툴들을 꼭 사용할 필요는 없다. 다만 본인의 성향이나 운영 방식에 따라서 외부 프로그램이 실질적으로 사업 운영에 도움이 되고 값어치를 한다고 느낄 수 있으므로 한 번쯤은 경험을 한 뒤 판단해도 좋을 것이다.

Feedback Whiz

첫 번째로 소개할 것은 Feedback Whiz이다. 이름처럼 피드백(리뷰)과 관련된 외부 프로그램이다. 아쉽게도 리뷰를 많이 받을 수 있도록 도와주는 프로그램은 아니고, 앞서 17장 리뷰에서 설명했던 리뷰 리퀘스트를 자동화해주는 프로그램이다.

https://www.feedbackwhiz.com

홈페이지에 접속하여 간단한 회원 가입 후 이용할 수 있다. 사용 방식은 Template Manager에서 리뷰 요청 메일 내용을 작성해주고, Campaign Manager에서 리뷰 요청 메일 발송 시간 등을 설정하여 세팅을 완료할 수 있다. 템플릿과 캠페인 각각 제품별로 따로 만들어야 한다. 리뷰 요청 메일 발송 시간은 제품 도착일 1~2일 후 정도로 설정하면 좋다. 제품 판매량이 많아져서 일일이 리뷰 리퀘스트를 보내기 힘들어질 경우에는 사용해줘도 좋을 것이다.

Feedback Whiz의 이용 요금이다. Emails and Review Requests는 리뷰 요청 메일을 보낼 수 있는 최대 개수이고, Email Campaign은 제품 숫자를 의미하므로 이제 막 시작한 셀러는 무료 체험으로 이용해도 무방하다. 하지만 월 판매량이 150개를 초과하거나 신제품이 추가되는 경우에는 Starter등급으로 올려주어 월 $19.99를 결제하고 이용해야 한다. Starter 등급보다 더 비싼 등급도 있으며 리뷰 요청 메일 개수와 제품 개수를 늘릴 수 있다.

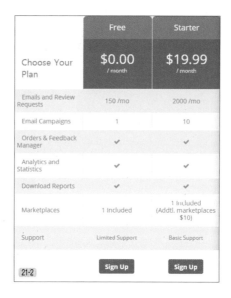

Hellium 10

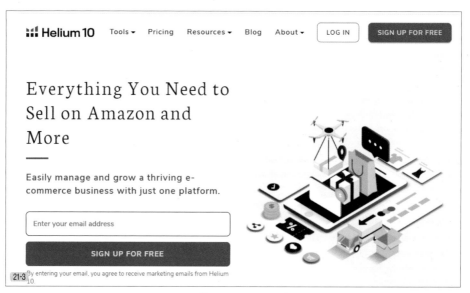

https://www.helium10.com/

헬리움-10은 현재 셀러들이 가장 많이 이용하는 툴로 꼽아도 좋을 정도로 많은 셀러들이 이용하고 있는 서비스이다. 판매할 제품군을 찾아보거나 완료되어 있는 리스팅을 최적화하는 등 많은 기능을 보유하고 있다. 런칭 서비스를 제외하면 바이럴 런치와 기능들이 비슷한 툴이다. 헬리움-10의 핵심 기능 몇 가지를 간단히 소개하겠다.

❶ Black Box : 제품 카테고리, 월 판매량, 가격, 리뷰 개수, 별점 등의 옵션을 선택하여 선택한 옵션에 해당하는 아마존 제품들은 어떤 제품들이 있는지 찾아볼 수 있는 툴이다. 필자가 언급했던 것처럼 경쟁이 너무 심하지 않은 제품을 찾거나 본인이 원하는 특정 범위 내에 속하는 아이템 군을 찾을 수 있다. 주로 새로 판매하고자 하는 아이템을 찾을 때 이용한다.

❷ Index Checker : 인덱스 체커를 설명하기 전에 인덱싱이라는 것을 먼저 설명하겠다. 인덱싱이란 특정 키워드를 아마존닷컴에서 검색했을 때 검색 결과값에 제품이 노출되도록 키워드가 리스팅에 잘 녹아져 있는 것을 말한다. 예를 들어 필자가 Animal mug 제품을 판매하고 있고, Animal mug라는 키워드뿐만 아니라 Coffee mug라는 키워드를 아마존닷컴에서 검색했을 때도 노출시키고 싶다고 가정해보자. 이때 인덱스 체커를 사용해서 Animal mug와 Coffee mug 키워드가 제품에 인덱싱이 잘 되어 있는지 확인할 수 있다. 인덱싱이 되어 있지 않다면 해당 키워드를 검색했을 때 제품이 노출되지 않는다는 의미이므로 타이틀, 불렛 포인트, 제품 설명 혹은 서치텀에 인덱싱이 되지 않은 키워드를 삽입하여 인덱싱 상태로 만들 수 있다. 리스팅을 최적화할 때 사용한다.

❸ Cerebro : 아마존에서 판매 중인 특정 제품을 검색하면 그 제품에 녹아 있는 키워드를 보여주고 그 키워드들의 고객 월간 검색량, 함께 판매되는 제품 등을 보여준다. 랭킹이 높은 경쟁사의 제품을 검색해보고 본인의 리스팅과 비교해서 빠져 있는 키워드를 찾아 리스팅에 추가하거나 서치텀에 포함시켜주면 좋다.

❹ Keyword Tracker : 본인의 제품에 대한 특정 키워드를 키워드 트랙커를 통해 입력해놓으면, 해당 제품의 설정 키워드 순위가 얼마나 되는지 보여준다. 예를 들어 필자가 Animal mug 제품을 판매하고 있는데 키워드 트랙커에 Animal mug와 coffee mug라는 키워드를 등록한다면, 등록 시점부터 필자의 제품이 Animal mug와 coffee mug 키워드에서 랭킹이 몇 위 정도인지 알려준다. 판매가 잘 된다면 랭킹이 올라가고 판매가 잘 되지 않는다면 랭킹이 하

라하는 단순한 표기이다. 하지만 Animal mug와 coffee mug라는 키워드로 각각 광고하고 있다면 랭킹이 상승하는 키워드는 광고를 끄거나 광고비를 줄여서 비용을 절감하고, 랭킹이 하락하는 키워드는 광고비를 올려 랭킹 상승을 유도하는 등의 전략을 세울 수 있다.

❺ Magnet : 특정 키워드의 월간 검색량, 기간별 검색량 상승 및 하락 추이를 확인할 수 있으며 검색한 키워드와 연관된 다른 키워드들의 월간 검색량, 기간별 검색량 상승 및 하락 추이 또한 확인할 수 있다. 새로 판매할 아이템을 선정할 때 이용하면 좋다.

❻ Follow-Up : 팔로우업은 앞서 설명했던 Feedback Whiz와 같이 리뷰 리퀘스트를 자동화할 수 있는 툴이다. 다만 헬리움10과 Feedback Whiz를 각각 설명한 이유는 헬리움10은 종합 툴인만큼 이용료가 Feedback Whiz보다 비싸기 때문에 단순히 리뷰 리퀘스트만 자동화할 수 있는 Feedback Whiz를 따로 소개했다.

이외에도 헬리움10에는 다양한 툴이 있지만 주로 사용하는 툴 몇 가지만 소개해보았다. 헬리움10은 정말 다양한 기능을 제공하지만 가격이 싸지 않은 편이기 때문에 정기 결제로 사용하기는 부담이 될 수 있으니 필요할 때마다 결제해서 사용하는 것이 좋다.

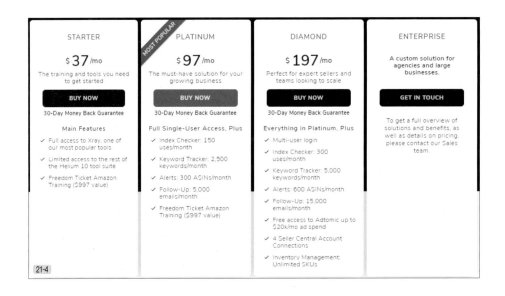

헬리움10의 이용 요금이다. 보통 필수 기능을 대부분 이용할 수 있는 플래티넘 등급을 많이 이용한다. 가격이 꽤 비싼 것을 볼 수 있는데, 검색창에서 헬리움10 할인 코드를 검색하면 블로그, 유튜브 등에서 첫 달 할인 등 할인 코드를 얻을 수 있으니 할인을 꼭 적용받아서 이용하도록 하자.

Seller board

https://sellerboard.com/

셀러 보드는 아마존과 연결을 해놓으면 매출, 교환/환불 현황, 재고 관리, 광고비 관리 등의 정보를 보기 쉽게 표시해주어 아마존 FBA 사업 관리를 도와주는 툴이며 리뷰 리퀘스트 자동화 기능도 있다. 신용카드 등록 없이 한 달 무료 체험이 가능하기 때문에 부담 없이 체험해보고 추후 사용 여부를 결정하는 것이 좋다.

Pricing			
Pay monthly	Pay half-yearly 10%	Pay annually 20%	
STANDARD	**PROFESSIONAL**	**BUSINESS**	**ENTERPRISE**
$19/mo	$29/mo	$39/mo	$79/mo
billed monthly	billed monthly	billed monthly	billed monthly

	STANDARD	PROFESSIONAL	BUSINESS	ENTERPRISE
Price	MOST POPULAR			
Orders per month	3 000	6 000	15 000	50 000
Follow-up emails or review requests per month	150	6 000	15 000	30 000
Additional seller accounts	4	6	8	16
Additional users	1	2	4	4
Automated reports	3	6	8	16
Manage users access rights by account, marketplaces and products	–	–	–	✓
Live Dashboard	✓	✓	✓	✓
Listing change alerts	✓	✓	✓	✓
PPC optimization	✓	✓	✓	✓
Inventory management	✓	✓	✓	✓
Refunds for lost inventory	✓	✓	✓	✓
LTV dashboard	✓	✓	✓	✓

21-6

셀러 보드의 이용 요금이다. 스탠더드 플랜을 사용해주면 충분하지만 150회로 제한되어 있으므로 리뷰 리퀘스트 자동화와 함께 사용하기는 적절하지 않다. 셀러 보드가 본인에게 용이하다고 생각되고 판매가 어느 정도 일어나고 있다면 프로페셔널 플랜을 이용하도록 하자.

KENJI ROI

https://www.kenjiroi.com/

켄지 로이는 프로그램은 아니지만 셀러들에게서 대체적으로 좋은 평가를 받고 있기에 소개하게 되었다. 켄지 로이는 아마존 리스팅에 대한 서비스들을 제공하는 업체이다. 제일 유명한 서비스는 제품 사진 서비스이고, 앞서 설명했던 fiverr를 통해 리스팅을 전문가에게 의뢰했던 것처럼 켄지 로이에서도 Copywriting이란 이름으로 리스팅 서비스를 진행한다.

또한 브랜드 셀러를 위한 A+ 콘텐츠 제작 대행, 제품 비디오 제작 서비스도 제공하고 있다. 다만 켄지 로이는 이용료가 비싼 편에 속하기 때문에 필자는 꼭 필요한 독자들에 한해서만 이용하기를 추천한다. 꼭 필요한 경우라 하면, 제품의 특성상 모델이 필요하거나 아니면 꼭 미국식으로 된 집안 내부를 통해서 제품을 연출해야 되는 등의 경우이다. 제품 이미지 모델의 경우 아무래도 북미 시장이다 보니 서양인 모델을 통해 연출한 사진이 고객들에게 더 친숙할 것이고 국내에서 셀프로 촬영을 한다면 서양인 모델을 섭외하여 촬영하기는 번거로울 것이기 때문에 좋은 서비스가 될 수 있다. 한국에 아무리 스튜디오가 많다 한들, 북미의 평범한 집안을 잘 표현해낸 곳은 거의 없을 것이기 때문에 꼭 미국식 연출이 필요한 경우에는 이용해도 좋을 것이다.

켄지 로이의 리스팅 서비스(Copywriting) 이용 요금이다. fiverr와 비교하면 7~8배 정도나 비싼 가격이다. 필자는 개인적으로 리스팅이 아무리 훌륭하다고 한들, 제품의 디자인과 퀄리티가 뛰어나지 않다면 결국 팔리지 않게 된다고 생각한다. 반대로 이야기하면, 좋은 제품으로 기본 이상의 리스팅만 갖춰 놓는다면 결국 판매는 잘 일어난다는 것이다. 또한 fiverr의 전문가들보다 몇 배는 비싸다고 해서 그만큼의 가치가 있는 고품질 리스팅일지도 의문이기 때문에 리스팅은 켄지 로이보다는 fiverr를 이용하기를 추천한다.

켄지 로이의 사진 작업 이용 요금이다. 실버 패키지의 경우 메인 이미지 1장과 흰색 배경 사진 3장을 포함한 총 7장의 사진을 제공한다. 실버 패키지에서는 라이프 스타일 사진을 제공하지 않기 때문에 사실상 최소 골드 패키지부터 진행해야 하고, 모델이 필요한 경우에는 플래티넘 패키지로 진행해야 한다. 앞서 언급했다시피 가격이 만만치 않기 때문에 꼭 필요한 경우가 아니고는 이용을 고려해보도록 하자. 켄지 로이 홈페이지 메뉴에서 Portfolio로 들어가면 사진 작업을 포함한 포트폴리오를 확인할 수 있다. 사진 분위기, 연출 등을 살펴보고 본인의 제품을 잘 표현해낼 수 있는 서비스인지 가늠해보는 것도 좋겠다.

|22|

마치며

지금까지 필자가 실제로 아마존에서 판매를 만들어내고 경제 활동을 하게 될 수 있었던 가장 빠른 방법을 소개하였다. 간혹 필자가 둘러보는 아마존 셀러 커뮤니티에서는 실제로 아마존 셀러를 가입하고 첫 상품을 판매하기까지 6~7개월에서 1년까지 걸리는 사람들도 더러 있었다. 이렇게까지 시간이 지체되는 이유는 본업에 치이고 지쳐서 아마존은 차일피일 미루는 경우이거나, 아이템 선정에 지나치게 신중한 경우일 것이다. 대부분 전자의 이유에 속할 테지만 이 책을 구매할 정도로, 그리고 여기까지 정독했을 정도의 의지, 간절함 혹은 어떤 것을 가지고 있다면 일단 한번 도전해보길 추천한다.

본업이 따로 있다면 고된 근무에 당연히 지치겠지만 반대로 생각해보면 본업이 있기에 자금 융통이 원활하고 부담이 덜 된다는 장점이 있다. 아이템 선정이 너무 어려워서 진행을 하지 못하고 있다면 필자가 추천한 범위에서 크게 벗어나지 않는 수준으로 조금 더 마음 편하게 선택해보자. 이전에도 언급했지만 어떤 상품이 잘 팔릴지 안 팔릴지는 그 누구도 알 수 없다. 단지 시도해봐야지만 아는 것이다. 지친 마음을 부여잡고 필자가 소개한 방식대로 진행해보자. 빠르면 아마존을 시작하고 2~3달 내로 첫 판매를 해볼 수 있다.

무슨 일이든지 처음이 가장 낯설고 어려운 것처럼 아마존 셀링 또한 모든 과정을 한 번씩 경험해본다면 그 이후에는 정말 쉽게 해낼 수 있다. 또 한 가지 이 책을 읽은 독자가 지금 바로 도전해봐야 하는 이유가 있다. 필자가 앞서 설명하면서 아마존의 시스템과 정책, 셀러 센트럴의 인터페이스 등은 자주 변동된다는 이야기를 한 적이 있다. 필자는 이 책의 집필을 완료하는 시점에서 최대한 최신 정보 및 인터페이스를 설명에 첨부하여 독자들의 이해를 돕고자 했다. 하지만 시작하는 날짜가 늦어질수록 큰 틀에서는 벗어나지 않겠지만 여러 가지 사항이 변동될 수 있기 때문에 몇몇 독자들에게는 아주 조금은 어렵게 느껴질 수 있다. 물론 시간이 조금 더 소요될 뿐이며 진행을 전혀 못하게 되는 상황이 오는 일은 없겠지만 조금이라도 시간을 아끼며 지치지 않았으면 하는 바람이다. 지치지 않고 첫 판매까지만 이어진다면, 당연하게도 즐겁게, 그리고 이전보다 익숙해져서 한결 마음 편하게 임할 수 있을 것이다.

첫 상품을 성공시켰다면 이후에 해나가야 하는 일은 무엇일까? 제일 중요한 것은 당연히 상품을 꾸준히 늘려나가는 것이다. 첫 상품이 지속적으로 안정적인 수입원이 될지언정 언제라도 판매를 하지 못할 상황에 처해질 수 있다는 것을 명심해야 한다. 제조사가 문을 닫을 수도 있고, 원자재 가격이 급등하여 이윤이 나오지 않게 되어 판매하지 못하게 될 수도 있다. 그래서 꾸준한 매출이 일어나는 상품 여러 가지를 지속해서 런칭해 나가는 것을 종착점이 없는 목표로 삼아야 한다. 가장 어려우면서도 중요한 목표이기도 하다. 반대로 첫 상품이 실패했다면? 필자는 최소한 한 번이라도 더 도전해보길 권유한다.

첫 상품부터 수입을 만들어내기가 쉽진 않겠지만 그렇다고 불가능한 것은 절대 아니다. 아마존 시장이 거대한 만큼 수익을 내고 있는 셀러들의 숫자 또한 어마어마하게 많다. 그들도, 필자도 모든 상품이 성공을 거두진 못했으며 계속해서 성공할 수 있는 아이템을 찾는 데 노력을 쏟을 뿐이다. 안정적인 수입을 만들어내는 아이템만 골라내어 소싱하는 완벽한 방법은 없다. 여러 아마존 관련 커뮤니티, 유튜브 등에서 아이템을 찾는 방법을 소개하지만 그렇다고 아이템의 성공을 보장해줄 수는 없다.

필자의 개인적인 생각으로는, 아마존 시장에 대한 특별한 지식이나 재능을 가진 0.1%가 아니라면 아이템의 성공 유무는 운이 많은 비중을 차지한다고 생각한다. 하지만 앞서 언급했던 커뮤니티나 유튜브 등에서, 그리고 필자가 설명했던 방법으로 성공 확률을 비약적으로 높이고 리스크는 줄일 수 있을 것이다. 예를 들어 기업이 아닌 개인 셀러가 아마존 시장에 대한 어떤

한 공부도 없이 '운동화'와 같은 경쟁이 치열한 아이템으로 시장에 진입하여 성공할 수 있을까? 필자는 99% 실패할 것이라고 본다.

수요가 높은 제품, 키워드일수록 상위 노출에 대한 코스트가 어마어마하게 필요하기 때문에 광고 유지 비용 자체를 감당할 수 없을 것이다. 한시적으로나마 비용을 들여 상위 노출 광고를 진행하더라도 리뷰가 아예 없거나 적은 제품이 리뷰 수만 개, 수천 개를 가진 제품을 이기는 것은 사실상 불가능하다. 하지만 광고를 집행하지 않는다면 특히 높은 경쟁률의 제품은 아마존 어딜 뒤져봐도 본인의 제품은 찾을 수 없게 될 것이고, 아마존 창고에 들어간 제품들은 모두 폐기 처분해야 하는 불상사가 발생할 것이다. 이렇게 아마존 시장에서 성공하는 절대 공식은 없다는 것을 인지하고 꾸준한 공부로 성공률은 높이고, 위험은 줄여나가야 한다.

아마존 사업이 어느 정도 익숙해지고 안정됐다면 아마존과 병행하여 할 수 있는 다른 일들을 찾아보는 것도 좋다. 직장 혹은 다른 본업을 하며 시간을 쪼개 아마존 사업을 하고 있는 경우를 제외하고는 적게는 하루 1~2시간이라도 투자할 수 있는 또 다른 온라인 비즈니스를 시도해보는 것이다. 필자는 처음으로 시도한 것이 바로 블로그이다. 사실 블로그보다는 아마존 FBA 사업 관련 된 전자책을 발행하여 판매하고 싶었다.

그러나 어차피 글을 작성할 거라면 블로그를 개설하여 아마존 사업 관련 글을 쭉 써나간 뒤 블로그 포스팅을 모으고 편집하여 전자책으로 발행하여 판매해보려는 생각으로 시작했다. 아마존과 맛집, 일상 등 포스팅을 하다 보니 많이는 아니었지만 조금씩 방문자가 생겼다. 그러다 출판사의 편집자 님께 제안을 받아 원래 목표인 전자책에서 더 나아간 종이책을 쓰게 되었다. 특정 분야에 대해 많은 관심을 갖고 있거나 글쓰기를 좋아한다면 하루에 몇십 분이라도 투자하여 블로거가 되어보는 것도 좋을 것이다. 다만 블로그는 대형 블로거가 아니라면 수익성은 크게 떨어지기 때문에 아주 길게 봐야 한다.

또 한 가지 해볼 수 있는 것은 프리랜서 업무이다. 앞서 설명한 적이 있는 프리랜서 고용 플랫폼 크몽과 같은 곳에서 본인이 가지고 있는 재능을 판매할 수 있다. 디자이너라면 신규 개업자의 로고 제작을 해주거나 제품 상세 페이지, 이벤트 배너를 제작하는 등 장소와 시간에 구애받지 않는 업무를 볼 수 있기에 아마존 업무와 병행하기 좋다. 디자인 말고도 여러 가지 판매할 수 있는 재능들이 많으니 크몽을 한번 둘러보고 고민해보는 것도 좋다.

마지막으로 추천해볼 만한 것은 국내에서 셀러가 되는 것이다. 스마트스토어, 쿠팡 등 아마존이 아닌 국내 플랫폼을 이용해 셀러 활동을 하는 것이다. 이때 아마존처럼 알리바바를 이용한 소싱을 하면 값싸게 구입할 수 있겠지만 최소 주문 수량을 맞출 수 없기 때문에 알리바바를 이용하기는 쉽지 않을 것이다. 이 때문에 국내 도소매 업체나 알리익스프레스 등 다른 수단을 이용해야 하고, 무엇보다도 아마존과는 조금 다르기 때문에 새로운 공부도 필요하겠다.

"If you decide that you're going to do only the things you know are going to work, you're going to leave a lot of opportunity on the table"

"만약 당신이 잘될 것이라고 생각되는 일만 하겠다고 결정한다면, 당신은 아주 많은 기회를 테이블에 두고 떠나는 것이다."

아마존의 CEO 제프 베조스가 한 말이다.

다른 사람들은 몰라도 새로운 변화 혹은 무언가를 기대하고 이 책을 여기까지 모두 읽은 당신은 다르다. 쉽진 않겠지만 새로운 도전을 해볼 수 있다. 혹은 좋은 기회를 테이블에 남겨두고 떠날 수도 있다. 선택은 당신의 몫이다. 지금 바로 시작하라. 그리고 당신의 건승을 기원한다.

찾아보기

A ~ C

D ~ G

H ~ O

P ~ R

S

T

U ~ W

숫 자

이렇게 시작하라 아마존 FBA
노트북 하나로 전 세계인을 고객으로 만드는 셀링 노하우

초판 1쇄 발행 | 2021년 11월 26일

지은이 | 강진구
펴낸이 | 김범준
기획 · 책임편집 | 이동원
교정교열 | 윤구영
편집디자인 | 김옥자
표지디자인 | 정지연

발행처 | 비제이퍼블릭
출판신고 | 2009년 05월 01일 제300-2009-38호
주 소 | 서울시 중구 청계천로 100 시그니처타워 서관 10층 1011호
주문 · 문의 | 02-739-0739   **팩스** | 02-6442-0739
홈페이지 | http://bjpublic.co.kr   **이메일** | bjpublic@bjpublic.co.kr

가 격 | 23,000원
ISBN | 979-11-6592-109-5
한국어판 ⓒ 2021 비제이퍼블릭

참고 자료 다운로드 https://github.com/bjpublic/fba